Wendy Lee Hermance

onde
vou com
este
poema

Poesias Escolhidas

Copyright © 2019 Wendy Lee Hermance
Reservados todos os direitos.
ISBN 978-1-7346044-1-2
Tradução: José Lima
Paginação: Rachel Bostwick
Reservados todos os direitos. Este livro não pode ser reproduzido nem transmitido sob nenhuma forma, no todo ou em parte, sem prévia autorização da autora, exceto para curtas citações incluídas em ensaios, artigos ou recensões críticas. Estes artigos e/ou recenções devem referir o título correto e o nome das pessoas que contribuíram para este livro.

Fotografias da autora, exceto se outra autoria lhes for atribuída, ou se se tratar de fotógrafo desconhecido.

"A prosa e a poesia de Wendy Lee Hermance são feitas de surpreendentes e comovedoras memórias de infância de maçãs mirradas, velhas almofadas, ramos de árvore caídos, estações de rádio imaginárias, e coisas tão difíceis de pôr em palavras que não conseguimos mais do que entrevê-las por entre as linhas deste livro extremamente fascinante."

Richard Zimler, autor
de O *Último Cabalista de Lisboa*,
e de outros best-sellers em vários países

"A prosa e a poesia na narrativa pessoal de Wendy Lee Hermance inclui uma memória singular que começa com a descrição de vivências de infância rica de pormenores, que se prolonga através da adolescência, e por último se manifesta na idade adulta. Onde vou com este poema é um hino a "esta adorável confusão humana" que é a vida da autora, mas trata-se de uma vida preenchida com uma miríade de experiências, todas descritas com uma empatia de poeta e atenção aos pormenores, recordando-nos a todos, como Hermance fez no último poema do livro, a nossa capacidade para achar algumas coisas para amar."

Marjory Wentworth,
Poetisa laureada da Carolina do Sul

*Em memória da minha mãe, Nancy Lee Hermance.
Para os jornalistas, soldados, ativistas, crianças, e todos os que dizem a verdade,
mesmo não sendo reconhecida.*

Nunca deixamos realmente um lugar de que gostamos. Parte dele levámo-lo connosco, deixando atrás uma parte de nós. – Toda a gente

A minha avó, Dot, e o irmão dela, Roland.

CONTENTS

Quando Eu Era Pequena 1

POEMAS 23

Sem preço 25

Beduíno 29

A minha cebola mulata 30

Ocasião 31

Onde vou com este poema 32

Na cabana de suar 33

Aqui jaz Ginger, cheia de graça 37

Um Dia 39

As últimas maçãs que compro 40

Viagem para Telavive 43

Mercearia 45

As mulheres são a água 47

O meu alpendre em Mount Pleasant 49

Zeus 53

Passeio de bicicleta 55

de East Bay Street 57

Alegoria 60

Este vestido 61

Como descobrir se um novo conhecido é um homem, ou um qualquer híbrido bizarro 64

Passos em falso 65

No torneio de pesca com Paula 69

Zen de um homem do sul 71
Penumbra 72
Muitos mundos, um único Sol 75
Nó 78
Breve Poema sobre o Texas 83
Caindo da borda do mundo 87
Há dias em que é possível fazer uma data de coisas 89
Mulher no aeroporto de Filadélfia com a família à espera 93
Física: Todas as coisas neste mundo 95
Somos aqueles que vocês não querem 97
A cabeça, o coração, e o corpo 98
Marvella de West Baltimore, Diz Ela 99
  Ainda 104
Achar algumas coisas para amar 107

Quando Eu Era Pequena
2019

As minhas primeiras memórias são de quando vivia com o meu pai, a minha mãe e o meu irmão em Florham Park, em New Jersey, numa minúscula casa de madeira do século XVIII num extenso logradouro que descia em declive até um bosque. O terreno devia ter sido cultivado em tempos, apesar de o solo ser seco e arenoso. Tínhamos um velho escorrega enferrujado que acabava num pequeno monte de areia, e mais nada.

No interior, a casa nunca fora concluída. O meu pai arrancou as paredes e nós vivíamos com buracos abertos. Era uma coisa interessante pelo que descobria e me mostrava; uma minúscula boneca de porcelana daquelas conhecidas como *Frozen Charlotte*, e um sapato de criança, de couro preto, mirrado. O meu quarto no primeiro andar dava para uma rua movimentada, mas estava bem protegido por um enorme lilás perfumado. Ainda hoje adoro as suas flores e a cor lilás é da minha especial predileção.

Do outro lado da rua vivia uma família japonesa numa casa de três níveis. A minha mãe ia lá tomar chá, levando-nos com ela. Penso que tinham um rapaz e uma rapariga bem comportados mais velhos do que nós, que não nos prestavam nenhuma atenção. A mãe deles dava-nos "ameixas viajantes", salgadas, doces, aromatizadas com alcaçuz. Algumas eram secas e duras e tínhamos de as chupar e trincar até o fruto delicado se separar do caroço. Outras eram moles e peganhentas, como polpa de tâmaras moles. Estavam embrulhadas numa dupla embalagem, a mostrar a sua especial qualidade.

Fora isso, comia cenouras, muitíssimas cenouras! Não havia nenhum momento em que não tivesse uma apertada na mão nesse tempo, de tal modo que houve um visitante – um homem desagradável e arrogante, que se calhar era um agente imobiliário que vinha avaliar a nossa casa para uma execução hipotecária, porque ficámos sem ela pouco depois – que me disse que eu havia de apanhar uma "intoxicação de cenouras" e que a minha pele ia ficar cor de laranja. Mesmo tendo apenas quatro anos, percebi que o homem era um idiota. Tinha uma pele descorada e fumava ao mesmo tempo que criticava a minha alimentação. O que ele sabia não era nada que valesse a pena.

Tínhamos também um cão chamado Percival, ou Percy. Era um Terrier pêlo de arame do canil. Uma criaturinha com um aspeto perfeito se não fosse ter sofrido um ferimento que lhe deixou a queixada torta de uma maneira que parecia estar sempre a sorrir. Gostava tanto de nós que deixava que o empurrássemos e o arrastássemos pelos degraus metálicos do escorrega acima para depois o empurrarmos pela rampa polida de aço abaixo. Ao chegar ao fundo ficava pacientemente à espera que o cobríssemos de areia, encolhido, mas sem uma queixa. Diz-se que mordeu o carteiro. Diz-se que foi a causa da alergia do meu irmão. Quando nos mudámos para casa da minha avó, desapareceu de vista. Foi este o meu primeiro contacto com a injustiça.

De Florham Park tínhamo-nos mudado para Madison, a cidade mais próxima, para a casa de enxaimel em estilo Tudor que o meu avô tinha construído. O meu avô tinha morrido havia pouco nessa altura. Chamava-se James Alexander Smith, embora se tratasse de um nome inventado, pois que fora uma criança enjeitada. Era um pouco reservado (embora também doente). Era juiz num tribunal distrital, corretor de seguros e agente imobiliário bem sucedido, que provavelmente nunca tinha muito tempo para os filhos. Lembro-me dos almoços de domingo com o meu avô, da viagem de carro para o restaurante Howard Johnsons onde íamos comer ameijoas fritas e gelado de menta com pedacinhos de chocolate, com uma elegante cor verde-azulada suave. Era uma ocasião muito requintada para nós. Eu levava um vestido de festa com uma ampla crinolina, e uma faixa na cintura atada atrás com um laço. Ainda hoje nunca digo que não a umas ameijoas fritas com ketchup. As paredes de todas as casas por onde fui passando ao longo de 25 anos foram sendo pintadas com o verde suave semelhante ao do gelado.

Pouco tempo depois de nos termos mudado para casa dela, a minha avó mudou-se. Foi viver para Chatham, uma cidade próxima dali, num condomínio de apartamentos a estrear. A condizer com o seu estilo espartano, tinha apenas um quarto. Mobilou-o com dois divãs pintados de branco, apenas com uns pequenos decalques ovais representando uma refeição campestre no século XVIII. O apartamento tinha uma casa de banho, paredes e chão de azulejos no cor de rosa de um porquinho feliz dos desenhos animados. Deveria ser uma manifestação do seu sentido de humor irónico. Tudo o mais nela era despretensioso. A minha avó tinha sempre um carro de grande estilo. Lembro-me do seu elegante Studebaker Hawk, de carrossaria preta com o tejadilho branco, estacionado debaixo da faia que havia na entrada asfaltada da nossa garagem sempre coberta de folhas. A seguir, teve um Volkswagen branco com o interior em vinil vermelho. Seria provavelmente um Type 3, Notchback, com porta bagagem. Devia ter sido por volta de 1963.

Sempre me senti impressionada com os conhecimentos da minha avó sobre automóveis e orgulhosa ao andar de carro com ela. Tirando os carros, não gastava praticamente nada em coisas para si própria, vestindo sempre o mesmo: saia travada de lã cinzento escuro, e blusa branca de manga curta, com enfeites de renda, todos os dias durante três das estações do ano. No verão ia rodando entre três vestidos de nylon baratos, direitos, sem mangas, com motivos abstratos. Comprava-os no Robert Hall a 6 dólares cada. Aquele de que melhor me lembro era o que ela mais usava, e também preto e branco. Fizesse o tempo que fizesse, usava sempre uma cinta completa que incluía sutiã e collants. Não me lembro de ela alguma vez ter frio. Caminhava com um passo rápido, enquanto ia assobiando baixinho pequenas melodias que inventava quando andava nas suas ocupações. Nunca tive nenhum vestido de nylon de corte direito, mas lembro-me de uma vez em 2012 ter ficado parada a meio de um pedaço de queijo cheddar picante na minha cozinha em Sydney, ao dar-me conta que tinha vestido uma saia travada de lã cinzento escura e uma blusa branca de manga curta com folhos, e que estava a cortar o mesmo queijo quebradiço e aveludado que a vira cortar para mim vezes sem conta usando estas mesmas roupas.

O nome de casada dela era Dorothy DeWarren Smith. O pai dela era um Waller e um dia alguém me mostrou o meu nome nas páginas do *Debretts Peerage and Baronetage*. Bobby, um primo direito da minha mãe, vivia a um mundo de distância de nós – no Massachussets. Tinha herdado o título de "Baronete" juntamente com um palacete. Só o vi duas vezes, e por breves instantes, em nossa casa.

A minha avó era uma verdadeira senhora vitoriana, que em tempos fora um rapariga que gostava de se divertir. Ensinou-nos jogos como *Come She Comes,* uma versão de *I Spy,* e *Ghost,* um jogo de palavras que jogávamos no carro. Andava então sobrecarregada pelo sentimento de alguma responsabilidade pelas escolhas erradas da filha. Fumava de vez em quando cigarros Tareytown, daqueles que tinham um anúncio que mostrava uma pessoa com um olho negro e a legenda "Prefiro brigar do que mudar", até que afinal mudou para os Parliaments. Chamávamos-lhe *Little Gram*, avózinha, e sabíamos que quando era rapariga os amigos a tratavam por "Dot". Não tinha amigos locais, mas houve uma vez que uma sua amiga de infância, Mignon, a veio visitar. Lembro-me de entrar no quarto do apartamento da minha avó e deparar com uma mulher rechonchuda completamente nua sentada no banco do toucador da minha avó a escovar os cabelos compridos de um castanho de avelã, que lhe chegavam abaixo da cintura. Devia andar pelos sessenta anos. Virou-se para mim sem se levantar nem se tapar e pôs-se em amena conversa comigo. Era a Mignon.

Aos domingos, a minha família ia a casa da Little Gram já a contar com as lautas refeições que ela fazia para nós: carne assada da melhor qualidade, acompanhamentos de alcachofras, e sempre uma bela salada verde com tomates vermelhos maduros e fatias de abacate. Era uma época em que as saladas se faziam com Jello e mini-marshmallows. Usava apenas pão integral da marca *Hollywood* e óleo de cártamo da mesma marca. Não faço ideia onde é que ela encontrava essas coisas nesse tempo. Comíamos em pratos da *Mayflower Vernon Kilns California Pottery* que talvez tivessem sido comprados numa viagem de longa distância para visitar a desvairada da sua irmã mais nova, Miriam, que vivia em Los Gatos.

O carro do meu pai era o *Old Merc*. Era um tanque impressionante de ferrugem polida que ele adorava. O interior era de lã densa às riscas beige e de um castanho de ferrugem como um cobertor. Estava em perfeito estado. Dormíamos no banco de trás, mas lembro-me sobretudo de ir em pé ao lado do meu pai quando ele conduzia, encostada ao ombro dele. Tal era a altura da cabina. Ele ligava o rádio numa estação de música clássica ou de big band jazz com instrumentais exuberantes e ia discutindo a música connosco. O carro da minha mãe era uma carrinha verde, usada sempre para o trabalho, sempre em desordem. Ela não gostava de conduzir. Eu detestava andar naquele carro e não eram muitas as vezes que andava nele.

O meu pai abandonou a escola na quarta classe para ir trabalhar durante a Grande Depressão. Fazia a limpeza em estaleiros de obras. Conheceu a minha mãe quando os dois faziam trabalho de voluntariado numa comunidade teatral; ela uma atriz em botão, ele um carpinteiro que fazia os cenários. O meu pai contou-me que comprou uma caixa de biscoitos Nabisco de gengibre e comia-os por almoço com um litro de leite. Também me falou das panquecas de trigo mourisco, que nessa altura havia maneira de comprar em mercearias normais como uma mistura pronta a cozinhar. Trazia-me pauzinhos de pretzel salgados da *Flynn's Tavern,* o bar que frequentava. Eu chamava-lhes sempre "prenzils". Fui umas quantas vezes com ele à *Flynn's Tavern.* Os outros operários eram sempre simpáticos comigo. Os pretzels vinham em caixinhas achatadas de cartão branco que eram usadas como elegantes bandejas depois de lhes tirarem o celofane que as envolvia. Eram da marca *Ballantine,* um acompanhamento para a cerveja *Ballantine.* Tirávamos os pretzels com toda a delicadeza como se fossem uma iguaria extraordinária, lambendo os dedos para apanhar os ásperos cristais de sal nos cantos da caixa (embora às vezes agarrássemos punhados deles que enfiávamos pela boca abaixo). O meu pai trazia-nos também maçãs, uma única maçã. Com as poucas cervejas e pretzels, eram tudo o que ele se podia permitir com a mesada que a minha mãe lhe dava. Os meus pais passavam o tempo a discutir, possivelmente sobre dinheiro, e provavelmente também sobre a indestrutível divisão de *classes.*

Aquilo que o meu pai não podia dar em coisas materiais, compensava-o partilhando connosco o seu tempo e imaginação. Os outros pais eram todos executivos de sucesso que trabalhavam em Nova Iorque, ou nos laboratórios Bell ou Sandoz, ou numa das outras empresas de produtos farmacêuticos ou químicos na vizinha New Jersey. As sedes dessas empresas ficavam sempre em sítios com vastos relvados verdes. Pelo menos alguns desses homens deviam sentir uma admiração despeitada pelo meu pai por causa do tempo que ele passava com os filhos.

O Círculo

No inverno, o meu pai atava uns aos outros os trenós dos miúdos da vizinhança como carruagens de um comboio e depois rebocava-nos à volta do *Círculo,* o parque de forma redonda que havia em frente das nossas casas. Fazia isso na carrinha da minha mãe com o porta-bagagens aberto. Sempre que um de nós ficava com muito frio ou, raramente, caía do comboio que se arrastava vagarosamente, ouvia-se um grito, o meu pai parava o carro e o miúdo subia para a parte de trás da carrinha e seguia aí pelo resto do tempo. Levava sempre um termos ou um jarro de chocolate quente na traseira do carro para nos aquecer.

Houve um ano em que recebi um Disco Voador, um disco de borracha vermelha, novo, com riscos como um disco de vinil côncavo. Era uma novidade, mas girava em cima do gelo incontrolavelmente, desfazendo a nossa formação ordenada e deixando-me nervosa e estonteada. Acho que havia a ideia de que se tratava de uma experiência e que por isso não fazia mal que falhasse.

Ao chegar o Natal, todos os anos se fazia uma fogueira no *Círculo* para se cantarem canções de Natal. O meu pai dava a impressão de ter a seu cargo a fogueira. Alguns dias ou uma semana antes, viam-se homens a juntar lenha à pilha, que víamos ir aumentando diante das nossas casas. Na vizinhança havia fartura de árvores que nos abasteciam de ramos caídos. Ninguém comprava lenha. Embora fosse um bairro de gente com meios, ninguém ligava a "relvados" nem contratava serviços de jardinagem como hoje em dia as pessoas de certa posição parecem obrigadas a fazer. Passar tempo com a família era uma coisa a que nesse tempo se dava valor nos Estados Unidos. Mesmo os trabalhadores bem pagos se sentiam suficientemente seguros para se ficarem por uma semana de 40 horas, que lhes deixava tempo para cuidarem dos seus próprios quintais com os filhos.

O meu pai e talvez mais um ou dois homens acendiam a fogueira e nós íamos saindo aos poucos das casas para as cantigas de Natal. Cantávamos à volta da fogueira para aquecermos, antes de abalarmos num coro deambulante numa serenata às pessoas idosas e a um ou outro vizinho que calhasse estar doente em casa nesse ano. Formava-se um bom grupo de talvez vinte ou trinta vizinhos, normalmente. Estava sempre frio. De costume havia neve e podia também chover. Mas íamos na mesma. No fim, juntávamo-nos em casa de um dos vizinhos à volta de um chocolate quente e bolos, ou fazíamos a distribuição das prendas lá fora junto à fogueira se nesse ano ninguém se tivesse oferecido para albergar uma cambada de galochas enlameadas. Aquela noite dava-me uma sensação de comunidade e de igualitarismo e, também, de continuidade. Mesmo com uma casa a cair, mesmo sendo eu magrizela e de aspeto descuidado, com o cabelo emaranhado e vestida com roupas usadas, e mesmo com a minha mãe a vender ilegalmente peças antigas da casa, fazíamos parte da malha desta comunidade. Tudo isto poderia ter sido por deferência para com o legado do meu avô, embora eu prefira crer que se devia a uma gentileza e a um reconhecimento do valor que cada pessoa tem, que são inerentes a New Jersey.

Nos dias de bom tempo jogávamos à bola no *Círculo*. Era fácil ter amigos. Bastava olhar pela janela para ver quem andava por ali ou sair e bater a alguma porta até encontrarmos alguém que estivesse em casa e lanchar qualquer coisa. No verão ao cair da tarde o meu pai dirigia-se para o *Círculo* com um dos seus lenços brancos e finos atado com algumas pedrinhas dentro para fazer peso. Os miúdos começavam aos poucos a sair de suas casas a seguir ao jantar para irem ter connosco enquanto ele atirava os lenços ao ar, atraindo umas silhuetas escuras aos guinchos. Os morcegos mergulhavam para apanhar os lenços, ficando às vezes presos no nosso cabelo, o que nos deixava também aos guinchos. Outra coisa que nos arrancava de casa era o "Fog Man", o Homem do Nevoeiro. Era um camião que rodava à volta do *Círculo* borrifando inseticida. Nós corríamos atrás do camião a dançar e a rir de bocas abertas no rasto de névoa espessa, enquanto chamávamos os outros para se juntarem a nós. A névoa tinha um gosto oleoso e adocicado. Em 1962, foi publicado o livro de Rachel Carson *Primavera Silenciosa,* que originou o início da regulamentação – apenas a regulamentação – do DDT. O DDT era fabricado pela Ciga-Geigy a duas cidades dali, em Summit, em New Jersey. Nós começávamos a gritar uns aos outros "The Fog Man! The Fog Man!" mal avistávamos o camião, do mesmo modo como soávamos o alerta para "The Ice Cream Man!" O Homem dos Gelados! Quando o homem dos gelados aparecia, ficávamos num desespero para deitar a mão a algum dinheiro antes que a carrinha fosse embora e nós perdêssemos a oportunidade, que nos parecia sempre a última oportunidade na vida. Eu mantinha-me fiel ao *Sky Blue Pop,* que era a opção mais barata, pelo que normalmente conseguia convencer a minha mãe, e porque tinha um lindo tom de azul que sabia a framboesas a fingir. Uma ou outra vez arranjava dinheiro extra para experimentar o *Royale Sundae*, que custava duas vezes mais do que o normalíssimo gelado de água e açúcar, de cor e aroma sintéticos. No fundo, pouco ligava às migalhas da bolacha de chocolate mole e gelada e achava que chamar *sundae* àquela mistura de ingredientes amassados num cone de açúcar era nada mais do que pretensioso. Não tardei a tentar passar para o *Dreamsicles,* uma novidade que se dizia também ser mais sofisticado do que os outros gelados de pauzinho, mas nunca me convenceram de que aquele gelado de sabor a laranja por fora com gelado de baunilha dentro era uma boa combinação de gosto e de textura. Assim como assim, era raro ter os 15 cents extra. E também preferia poder exibir aqueles insólitos lábios e língua azuis com que o *Sky Blue Pop* me deixava, e não as comuns bocas tingidas de vermelho e cor de laranja à minha volta. Era um bom achado em todos os sentidos.

Vizinhos

Passava muito tempo em casa dos Ryan exatamente em frente da minha, do outro lado do *Círculo*. Desde os meus cinco anos, tinha começado a falar com um sotaque mais do Midwest do que de New Jersey por causa do tempo que passava com a família Ryan. Tinham vindo do Iowa porque o Sr. Ryan, Robert, tinha entrado como Vice-Presidente para o First National Bank, em Nova Iorque. Lembro-me dele como um homem genuinamente simpático, trabalhando em casa à mesa da sala de jantar, detendo-se para se mostrar interessado em mim e nos filhos.. A minha amiga era a Mary Beth, a mais velha dos quatro filhos dos Ryans. A seguir a ela vinha o Rob, depois o Joe, o único membro das família que era loiro. O Joe tinha um caráter emocional explosivo e nós chamávamos-lhe "Little Joe", como o carismático filho mais novo da série *Bonanza* da televisão. A mais novinha, Kate, era ainda bebé. Tirando Joe, os Ryans tinham todos cabelo liso castanho e olhos castanho claro, como o pai.

A Sra. Ryan, Marge, tinha olhos azuis. Era uma leitora voraz e investigadora de tudo e mais alguma coisa, muitas vezes para dar apoio aos interesses dos filhos, e ainda outros que eu não saberia dizer. Víamo-la muitas vezes passar em passo decidido pelo caminho diante da nossa casa que ia do *Círculo* até à Universidade Drew, carregada com uma sacola de livros que levava e trazia da biblioteca da universidade. A Sra. Ryan era uma pessoa desassossegada e dedicada à solução de problemas, tão direta que me lembro de ela nos contar que o médico lhe tinha dito para usar sutiã durante a noite para que os seios não lhe descaíssem. Não sei se ela teria acabado de vir do médico nesse dia ou se disse aquilo num impulso de desapontamento, ou se nos apanhou em alguma conversa sobre os nossos seios estarem ou não a crescer na altura, mas a refrescante naturalidade e ausência de presunção dos Ryans punha-os muito acima de quaisquer outras pessoas que eu conhecia em New Jersey. Nunca me cansava de estar com eles.

A Mary Beth e eu passávamos o tempo no jardim de inverno, na cozinha ou na sala de estar da casa deles. Não passavam tempo nos quartos com os amigos. No jardim de inverno fazíamos canções e usávamos o nosso próprio sistema de notação para nos lembrarmos delas, usando um velho piano vertical de um verde hortelã. O nosso sistema consistia em escrever algarismos diretamente nas teclas de marfim, usando lápis de cera de diferentes cores. As teclas ficavam marcadas com 3s roxos, 4s amarelos e 6s verdes, com uma ordem para cada cor, de maneira que a tecla roxa podia ser a primeira nota, que se tocava o número de vezes lá marcado, a do amarelo podia ser tocada o número de vezes marcado nela, e assim por diante. O sistema tinha obviamente falhas. Baseava-se em memória e discussão. Tentámos tomar notas num caderninho, e demos títulos a cada uma das canções, mas alguém levou o caderno para outro fim. Nunca nos demos ao trabalho de corrigir as falhas e como nunca nos chatearam por marcarmos as teclas, o nosso sistema nunca foi apagado.

Também nos reuníamos no jardim de inverno para ver *Os Três Estarolas* num pequeno televisor a preto e branco. Nunca tive um entusiasmo tão grande como o da Mary Beth ao ver pessoas a partirem as cabeças umas às outras. Uma criança sisuda que devorava livros e que mais tarde veio a estudar física na Cornell, Mary Beth explicava-me que precisava daquilo para "fazer uma lavagem ao cérebro", quando lhe perguntava o que a atraía naquele programa. A mãe dela manifestava uma preocupação semelhante em relação à violência, mas deixava-nos sempre uma grande margem para aprendermos por nós próprias.

Íamos muitas vezes fazer experiências culinárias para a cozinha deles ou para o canto escuro onde eles tomavam o pequeno almoço, enquanto a mãe dela cozinhava receitas da revista *Gourmet* ou de *Mastering the Art of French Cooking*. Ia soltando uns tss-tss-tss de impaciência cada vez que alguma coisa não saía como mostravam as ilustrações. Nós, entretanto, fazíamos experiências com bolos de bolotas moídas "como os índios". Provavelmente dispúnhamos de instruções graciosamente fornecidas pela biblioteca da Universidade Drew ou pela pequena biblioteca pública da Green Village Road, com o seu chão de vidro que o arrastar dos pés tornara translúcente como os vidros que se encontram na praia. Os nossos bolos foram um amargo desapontamento. Talvez as nossas bolotas tenham sido apanhadas na estação errada, ou se calhar saltámos por cima do laborioso processo de as escaldar e secar para tornar comestível aquela comida de esquilo.

Tivemos mais sucesso com as nossas tartes de maçã. Muitas vezes roubávamos maçãs da gigantesca macieira do quintal dos Holdens, a três portas da casa da Mary Beth. Ficava ao lado da dos Schwartzes, um casal sem filhos com dois dashhunds cor de canela. A casa dos Holdens era de madeira e pintada de vermelho como a de um celeiro. Os Holdens eram mais velhos, com filhos já crescidos, e tenho a certeza de que nos observavam secretamente da janela enquanto nós lhes roubávamos as maçãs. A Sra. Holden deu cabo do nosso divertimento de uma vez para sempre no dia em que nos entregou um saco para o enchermos de maçãs. Por mais que gostássemos das nossas tartes de maçã, nunca elas nos sabiam tão bem como quando as fazíamos com as maçãs que roubávamos.

A macieira dos Holdens era ótima para trepar, mas estava cheia de rebentos que picavam, de maneira que quando queríamos subir a uma árvore o que normalmente fazíamos era seguir pelo caminho junto a minha casa e que levava à Universidade Drew. Passávamos pelo edifício da associação de estudantes, novo, em tijolo cor de laranja, passávamos pela biblioteca do século XIX, em granito, e seguíamos até ao fundo do campus por trás do Jardim Grace B Linden até à "árvore apartamento". Era uma faia heroicamente grande no meio de um pomar abandonado. Era de tal modo enorme que podia aguentar seis miúdos ao mesmo tempo, cada um deles separadamente instalado no seu próprio "apartamento". Raramente conseguíamos bater os pássaros na caça às poucas cerejas e pêras rijas que conseguiam amadurecer, de modo que a principal atração do pomar era subir às árvores. Ter de fazer quase dois ou mais quilómetros a pé através do campus para ir até lá, era coisa que para nós não constituía problema nenhum.

O Jardim Grace B Linden era um sítio especial, onde eu e a Mary Beth brincávamos aos índios. Nunca ninguém se juntou a nós nessa brincadeira e mais ninguém parecia sequer saber da existência de tal sítio. Havia lá uma simples mangueira de onde a água escorria de uma pequena elevação por cima de umas rochas. Ao lado desta nascente artificial via-se um quarto de uma mó submersa. No cimo da elevação, havia uma sebe comprida que servia de fundo a dois cedros baixos que cresciam quase deitados na horizontal, que se uniam, formando uma bela gruta, perfeita para duas crianças agachadas. Uns dez metros atrás da nossa gruta havia um celeiro de um vermelho desbotado onde nunca ninguém tinha entrado. Costumávamos trazer "chicotes" de forsythia ao passar pelo caminho junto a nossa casa, a que tirávamos a casca e a que chamávamos "pele de cobra". À parte de dentro – com um aspeto de pasta de madeira – chamávamos "pastilha elástica índia". Não era má. Tinha um gosto verde suave. Recolhíamos placas de lama seca de uns regos de fundo liso, deixando a areia e as pedras mais pesadas no fundo e tirando apenas a lama mais fina com latas de tinta que apanhávamos no estaleiro do novo loteamento a uns seis quilómetros dali. Depois, com a água da mangueira reconstituíamos as placas no nosso sítio, dedicando-nos a fazer "olaria índia". Deixávamos os nossos potes de barro juntamente com as nossas "peles de cobra" a secar em cima da parte exposta da pedra de moinho. Voltávamos lá alguns dias ou semanas mais tarde e encontrávamos tudo tal como o tínhamos deixado, embora os potes muitas vezes se desfizessem nas nossas mãos.

Uma grande parte do nosso tempo era passado a cuscar por ali em redor. Quando não andávamos a cuscar pelo estaleiro de construção da nova urbanização ou pela mata da Universidade Drew a berrar o mais que podíamos – uma técnica profissional de clarear a garganta para preparar a voz para cantar, no dizer da Beth – ou a roubar maçãs, andávamos a cuscar à volta do edifício de ciências da Universidade. Observávamos as familiares vitrinas oscilantes de madeira escura de carvalho cheias de boiões de laboratório contendo espécimes conservados e descorados de embriões, cérebros, corações e orelhas, cochichando e desatando a correr para nos escondermos sempre que ouvíamos o eco de passos. Nunca ninguém nos ralhou ou nos mandou sair, excepto talvez algum segurança, embora eu tenha ideia de que éramos muito boas a escondermo-nos.

Às vezes, nestas nossas rondas passávamos por um auditório, com uma grande mesa de madeira polida no meio, rodeada pelas pinturas a óleo dos antigos presidentes da universidade. As pinturas eram um bocado sinistras e lançavam-nos um olhar desaprovador lá de cima das paredes. Mas então isso pouco nos importava. Éramos novas e estávamos vivas. Eles não.

A primeira vez que vi marijuana foi mais ou menos na mesma altura em que o David Kirkpatrick enfiou as mãos pelas minhas calças abaixo e meteu um dedo dentro de mim. Devia eu ter nove anos. Foi tudo muito rápido. Ele era um sujeito gorducho e grotesco com vista fraca. A irmã dele, Kathy, era minha amiga, embora eu nunca tenha gostado de ir a casa deles. Reinava lá um silêncio sepulcral, apenas quebrado por um relógio de pêndulo com um tiquetaque retumbante em frente da porta de entrada. Tinham tapetes orientais novos espessos. Uma casa que hoje seria considerada de "valor museológico". Tinham, por exemplo, uma cadeira de escritório de couro de estilo sueco numa altura em que toda a gente se contentava com velhas cadeiras de carvalho desgastadas com um entalhe arredondado nos assentos. Nesse dia, estávamos sentadas num sofá no jardim de inverno, a ver televisão e eu contorci-me toda imediatamente, não porque me sentisse violada, mas porque fiquei embaraçada e senti a necessidade de explicar que não trazia cuequinhas porque estavam todas para lavar. Era inegavelmenet verdade, mas eu trazia umas calças de ganga macias, largas e forradas de flanela, que de qualquer modo usava sempre sem nada por baixo.

A primeira vez que vi marijuana não pode ter sido depois de 1964. Foi em casa da Jeanne Shockley, a duas portas de minha casa na direção oposta. A Sra. Shockley era a ex-mulher de William Shockley, conhecido nessa altura como "o inventor do transístor". (Isso não era realmente verdade, e ele mais tarde foi posto de parte por ser um defensor da eugenia. Mas foi na verdade o fundador de Silicon Valley , quando, depois de se ter separado de Jeanne, foi viver para Mountain View, na Califórnia, e lançou aí uma empresa de semicondutores.) Aconteceu com um dos filhos deles, o Richard ou o William, que estava nessa altura de visita à mãe. Chamou-me ao quarto dele para me mostrar a cama coberta de umas pequenas folhas secas. Havia ali uns bons gramas delas.

Aquilo só podia ser um atestado de falta de atenção dos pais. Não tanto por ele andar a vender droga – o que até era uma coisa bastante empreendedora numa altura em que ele parecia estar a lançar-se nesse mercado – mas sim por ser um adulto a ver se impressionava uma miudita ignorante de nove anos. O significado daquilo que eu estava a ver escapava-me inteiramente, como é óbvio. Encolhi os ombros e fui-me embora e só muitos anos mais tarde compreendi ou me lembrei do que tinha visto. O rapaz tinha cabelos castanhos compridos quase até à cintura, o que era pouco habitual na Costa Leste nesta altura. Provavelmente também vivia na Califórnia.

Foi essa a única vez que me lembro de ter visto um dos filhos dos Shockleys, embora passasse uma data de tempo lá em casa quando ia ter com a mãe deles. A Sra. Shockley dava-me pequenos trabalhos para fazer, como lavar a louça, cortar vegetais ou ajudar-a fazer bolos com farinha e açúcar. Era uma senhora rechonchuda com cabelo cinzento escuro, como uma daquelas antigas bonecas cabeça-de-maçã de corpo macio. A coisa mais caraterística dela de que me lembro eram as meias grossas de lã até ao tornozelo de uma cor esbranquiçada, que ela usava com uns sapatos confortáveis de atacadores, com vestido ou saia e blusa e um casaco de malha comprido que trazia o ano inteiro. À volta da casa tinham umas coisas de cristal grossas, sobretudo de cor âmbar, do tamanho de vários punhos de adulto postas juntas uma das outras. A Sra. Shockley dizia que eram o resultado de experiências laboratoriais falhadas do ex-marido.

A casa dos Shockleys era de tijolos escuros junto a um terreno vago com umas quantas macieiras desprezadas, demasiado pequenas para valer a pena subir a elas. Era uma das casas mais antigas da rua. Tal como a minha, foi construída na década de 1920 e talvez com uns quinhentos e muitos metros quadrados, com pequenos pormenores deliciosos como janelas redondas e assentos de janela, um jardim de inverno no primeiro andar e uma porta de entrada em arco. Todas as casas na nossa rua tinham jardins de inverno. Possivelmente tenho passado a vida toda à procura de uma casa assim.

A maior parte dos pais da nossa rua, com excepção do Sr. Ryan, tinham um ar stressado. Mesmo quando era pequena provavelmente seria capaz de dizer quem andava a dormir com quem, quem bebia demais, talvez até quem batia nas mulheres ou nos filhos. Estou convencida de que Jean Kirkpatrick, a pessoa com a voz mais suave e com o ar mais ausente que alguma vez conheci, andava fortemente medicado. A Sra. O'Donnell estava frequentemente bêbada, como quando me mandava tirar a pastilha elástica do cabelo da filha Chrissie, acusando-me de a ter colado aí, coisa com que eu tinha pouco ou nada a ver. Eu gostava da Chrissie. Mas fazia-me pena. Era maltratada pelos irmãos mais velhos. Houve uma família ucraniana que foi viver durante algum tempo para uma casa perto da dos Ryans. Tinham um rapazinho que era a criança mais triste e mais ansiosa que eu conheci. Era tal e qual o Charlie Brown, com a mesma cabeça grande e redonda, o mesmo cabelo ralo e a mesma infelicidade. Gostava de me lembrar do nome dele. Era um miúdo mesmo meigo.

As casas da nossa rua eram todas maravilhosas, com dois andares, mais sótãos e caves. A maior parte delas tinham sido construídas entre a década de 1920 e de 1930, embora algumas talvez fossem um pouco mais antigas. No nosso snobismo tribal, considerávamos as casas mais pequenas e mais antigas como sendo as melhores e silenciosamente lamentávamos os que viviam nas casas mais modernas. Pouco nos dávamos com os miúdos da urbanização que estava a ser construída próximo da nossa. Considerávamos aquelas casas inferiores e os seus donos broncos novos ricos, embora nesse tempo não conhecêssemos o termo. Como visitantes frequentes das casas em construção para irmos apanhar as nossas placas de lama e cortar bocados dos cabos telefónicos coloridos que todos colecionávamos e negociávamos entre nós, tínhamos uma certa experiência na matéria. Como conseguíamos abrir com facilidade janelas e portas de caves nas nossas buscas do exótico "fio girafa" castanho e amarelo, ou do fio verde-lima néon e do "fio lagarto" verde-azulado para as nossas coleções em caixa de sapatos, íamos sabendo algumas coisas sobre a construção das residências. Duas décadas mais tarde eu iria lançar-me numa carreira de restauro de casas antigas e a bem dizer nunca mais deixei de o fazer.

Embora gostássemos dos populares miúdos Perelli, tínhamos pena deles por viverem naquelas casas novas de três níveis. Raramente nos convidavam para entrar. Mal me lembro de ter visto o Sr. Pirelli, mas o pai dele vivia com eles e ficava sentado na entrada da garagem com os olhos postos na rua, a partir ou abrir nozes, sempre a fazer alguma coisa com as mãos. Não tenho a certeza de que falasse inglês. Os rapazes Pirelli eram quatro: os gémeos, Thomas e Stephen, e os mais velhos David e Charles. A mãe deles tinha o cabelo preto puxado para trás, usava óculos e tinha uns olhos escuros, quase pretos. Parecia sempre preocupada, mas daquela maneira boa que se deseja que uma mãe se preocupe com os seus quatro filhos desenfreados. Todos pareciam rapazes normais, felizes, cada um deles com os seus próprios interesses e personalidade, uma coisa que eu considero como prova de pertencer a uma família feliz.

Havia também um miúdo que era atrasado, chamado Artie, que nunca largava um cordel que ia chupando, puxando-o para cima e para baixo na boca como se fosse um iô-iô. Os lábios tinham sempre uma cor de um vermelho vivo. Talvez fosse por causa de algum cordel vermelho, ou por ele ter estado a beber Kool-Aid vermelho, ou por ter tomado algum medicamento com corante vermelho, como um xarope para a tosse com sabor a cereja. Talvez os lábios dele estivessem sempre irritados. O Artie falava apenas com uma espécie de roncos de duas sílabas, o que era um pouco sinistro, mas tirando isso parecia ser fixe e alinhava com o resto de nós.

Certo dia, os Ryans tinham chegado de umas férias, a família estava toda no andar de baixo depois de terem posto na cama a bebé Kate, quando ouviram um grito de fazer gelar o sangue. Precipitaram-se pelas escadas acima para darem com o Artie debruçado sobre o berço a observar a bebé. Não se sabe como, tinha conseguido entrar em casa quando eles estavam fora. Como era típico deles, os Ryans acharam que ele não tinha feito aquilo por mal e não ligaram muito ao incidente.

Depois de a Sra. Shockley ter falecido ou ter mudado de casa — ninguém me dizia nada excepto a Sra.Ryan e ela nunca falou nesta transição — foi morar para lá a família Witte. O Sr. Witte trabalhava na embaixada polaca. Eu tinha apenas doze anos quando comecei a tomar conta do George, do Douglas e da bebé Susan. O George era só uns poucos anos mais novo do que eu. Foi muito importante para mim ver que os pais deles confiavam em mim, apesar de eu achar que o Sr. Witte tinha as suas dúvidas. Realmente, os pequenos eram bastante turbulentos e teimosos. Se calhar não havia mais ninguém que quisesse tomar conta deles e muito menos a preços de principiante. Inventei um "truque mágico" para os manter na linha. Se aceitassem escovar os dentes e ir direitos para a cama, eu fazia o meu "truque mágico" para eles. Assim que estavam de pijama vestido, de dentes escovados e prontos para a cama, juntavam-se na cozinha à volta de um simples copo de água. Então, eu punha um pano a tapar o copo e dizia umas palavras mágicas. Quando tirava o pano a água tinha-se transformado em limonada ou em sumo de laranja, de uvas ou de lima. Por sorte tinha arranjado um vasto fornecimento de pastilhas *Fizzies* efervescentes através de um meu colega da escola cujo pai trabalhava no Warner-Lambert. Quis a sorte que a minha sorte coincidisse com a retirada do produto do mercado por ter um adoçante artificial, o ciclamato, que se descobriu causar cancro. Só recentemente descobri isso.

Foi por esta altura que comecei a escrever poemas. Encontrei uma velha caneta antiga num cesto de costura que a minha mãe tinha comprado numa venda de coisas usadas, com um conjunto completo de carrinhos de linhas de seda meio apodrecidas, dedais, apetrechos para enfiar agulhas e um sortido de antigas canetas e tocos de lápis. Como não tinha tinta com que encher a caneta nem maneira de a arranjar, usei um corante de comida que encontrei no fundo de um dos armários metálicos da cozinha, que tinha ficado de uma altura em que tinha sido usado para pintar ovos de Páscoa. Como cor, escolhi o verde. Carreguei na pequeníssima peça no lado da haste da caneta para aspirar o corante como um sifão. Funcionava na perfeição! Não me lembro de haver em casa quaisquer cadernos ou artigos de desenho de qualquer género, mas rasguei alguns bocados de papel castanho dos sacos de mercearia, que usei para escrever. Resultou muito bem e até lhe emprestou um toque de originalidade. Enchi um bule com chá *Constant Comment* e uma generosa dose de açúcar e fiquei sentada até tarde na encardida mesa de cabeceira de carvalho a escrever vagarosamente com o aparo gravado com desenhos. Não tenho nenhum desses bocados de papel, mas lembro-me ainda de um poema que escrevi nessa altura:

A arrogância com que lanço
pequenos poemas como pérolas ao mar
esperando que flutuem.

Nos anos da minha adolescência e mesmo antes, havia cada vez menos comida em casa, porque a minha mãe tinha deixado completamente de cozinhar e de comprar mercearias e as refeições passaram a ser sanduíches de charcutaria do *Charlies Aunt* em Chatham e almoços com os sócios dela no *The Fifty Yard Line* na Câmara de Chatham. Era lá que eu me deliciava com uma sopa de feijão preto que levava segurelha e era servida com umas tijelas pequeníssimas de ovos cozidos, cebola branca e salsa, tudo picado, e quartos de limão. No frigorífico não havia mais do que crostas secas de sanduíches de charcutaria.

Empregos

A partir dos meus catorze anos arranjei uma série de trabalhos que me impediam de continuar a tomar conta dos filhos dos Wittes. O meu primeiro emprego foi na Pizzaria e Ristorante ao lado do Llewellen Farms em Chatham. Ainda lá continua, agora batizada de *Zio Gino Pizzeria e Grill*. Os donos originais eram de uma família alargada acabada de desembarcar de um navio chegado da Córsega. Eu era a única empregada e a única pessoa que ali falava inglês.

Fui contratada para servir à mesa na pequena sala a ajudar a irmã do dono, uma mulher jovial com uma idade entre os vinte e muitos e os trinta e tal, com o cabelo escuro e lacado num alto penteado "bolo de noiva", mas era frequente chamarem-me à parte da frente para resolver qualquer discussão no balcão das pizzas para levar para fora. Dadas as dificuldades de língua, era frequente haver confusão com as encomendas. Ouvia-se chamar "Window! Window!" e lá ia eu a correr para a parte da frente, aliviada por poder largar a minha bandeja, pois era uma desgraça a servir à mesa. Fazia então o melhor que podia para negociar soluções para quaisquer anchovas descabidas. Havia vezes em que quando eu chegava a discussão já tinha aquecido bastante. Chamaram-me "Window" durante os inteiros nove meses que lá trabalhei. Não havia necessidade de os corrigir. Os avós da família faziam-me uns pãezinhos estaladiços com a massa da pizza e ficavam especados diante de mim a ver-me comer o pão quente, barrado com manteiga (verdadeira) a derreter. No Natal passavam dias a preparar um prato especial para a família, que me convidaram a comer com eles. Alguns dias depois do nosso festim, trouxeram uma pesada enciclopédia e mostraram com o dedo a ilustração daquilo que tínhamos comido. Eram lulas. Com o molho vermelho tinham-me sabido a frango estaladiço.

A seguir a um outro emprego que a minha mãe me arranjou numa loja de recordações em Chatham que vendia figurinhas de cerâmica Royal Doulton, tomei a decisão de voltar para a escola. Foi depois de o dono da loja ter feito uns comentários inapropriados sobre as minhas "ancas de mulher grávida", postado a meu lado enquanto eu me agachava a limpar o pó das prateleiras de baixo nas vitrinas de vidro. A minha avó aceitou pagar as propinas da Gill School. Na escola aprendia a trabalhar com barro e uma vez ou outra assistia a outras aulas com os lindos irmão e irmã da destronada família real da Estónia e os irmãos Johnston & Johnston do famoso champô-sem-lágrimas.

Enquanto deslizava por entre as árvores das antigas propriedades Bernardsville foi-me proposta marijuana, e interceptei iniciados em trips de LSD na casa de banho das raparigas. Foi lá que conheci a Ducky, uma rapariga enterrada em problemas, cujo pai era o Diretor Financeiro da empresa de vedantes Red Devil. A Ducky andava a pensar fugir de casa e ir para uma comuna na Califórnia, de que um nosso professor nos tinha falado. Convenceu o patego do namorado, mais velho do que ela, a levar-nos até à auto-estrada na sua carrinha de caixa aberta, de onde atirámos eufóricas borda fora os nossos livros da escola.

O pai dela foi lá duas vezes no avião da empresa para nos levar de volta a New Jersey. Uma vez fecharam-nos numa cela de uma prisão de mulheres à espera que ele chegasse. No duche fomos rodeadas pelas reclusas. Para fazer conversa, perguntei a uma mulher nova taciturna de pele morena que estava perto de mim com um pedaço de sabão na mão porque é que ela lá estava. "Matei o meu marido", disse ela com um ar melancólico. As reclusas não estavam nada satisfeitas ao verem na prisão aquelas meninas ricas por andarem à boleia na autoestrada interestadual e já estavam a ficar irritadas por estarmos sempre a trepar pelas grades da cela. A segunda vez que o pai dela voou para lá, tínhamos sido denunciadas por um condutor Driveaway que a Ducky tinha descoberto num painel de anúncios da Drew, e que tinha aceitado levar-nos até à Califórnia por 40 dólares cada, para a gasolina. A minha mãe tinha enviado um telegrama da Western Union para a polícia em que me atribuía o estatuto de "Menor Emancipada", pelo que eu pude ficar. Tomei uma longa estrada poeirenta para ir para a comuna, que ficava por trás de uma exploração de couves de Bruxelas em Davenport, perto de Santa Cruz, depois de ter viajado com um jovem polícia, a mulher dele e o filho pequeno num autocarro escolar que ficou avariado e nos deixou encalhados durante uma semana em Lovelady, no Nevada à espera de uma peça sobressalente. Regressei num estado ainda razoável para poder receber o diploma juntamente com os meus colegas de curso na Madison High School. Não faço ideia do que aconteceu à Ducky. As miúdas da preparatória da escola pública queriam que lhes contasse as minhas aventuras, mas eu não lhes dei troco. Graças ao Sr. Koch, um maravilhoso orientador profissional, fui aceite no Missouri Valley College. A escola ficava num local tão desinteressante que o seu maior título de glória era ficar apenas a cinquenta quilómetros de Sedalia, no Missouri, onde Scott Joplin, o genial pianista de ragtime do virar do século, tinha composto Maple Leaf Rag.

Ao fim de dois semestres mudei-me para a cidade universitária de Columbia, no Missouri. Descobri aí o verdadeiro igualitarismo. Todos pareciam ter o mesmo nível económico e estatuto social. Descobri "a vida saudável" por que ansiava. Casei-me com o meu marido nascido em Columbia num casamento em que cada um levava coisas para comer, que se realizou na Stephens College, onde eu viria a formar-me em jornalismo. Depois de um ano em Hutchinson, no Kansas, como Diretora de Promoção na rádio KHCC-FM (onde a minha manifesta aversão pelo diretor da estação por causa das suas piadas obscenas e das indesejadas carícias no pescoço abreviaram o meu contrato), voltei para a Columbia. A Columbia foi o meu lar durante quinze anos. Tornei-me numa responsável comunitária local, dirigindo a cooperativa alimentar, funcionando como apresentadora na rádio, lançando um restaurante vegetariano. Escrevi poemas que ninguém lia. Eram na sua maior parte poemas de maluquices sem sentido. Como estes dois que se seguem:

Dia das Bruxas
Outubro, 1976

O vento maldito pelo meio dia desaparecera,
As ávores cessaram o seu gemido.
O cão ruivo manco calou-se e as medas
de milho não baloiçavam já.
A Hora das Bruxas não tarda.

Corvos negros, de um brilho iridiscente , cortam os ares
acima da lua cheia cremosa, voejam e grasnam,
raspam o chão,
saltitam e esvoaçam nas ervas.
A Hora das Bruxas não tarda.

A forma de um barco, à noite repassa o mar,
Lançando e chamando a si
A carne pura tal como a imunda.
Negro, mais negro são o Mal.
Chamam às doces melancolia.

A Hora das Bruxas chegou.

Não uma hora ou um dia, mas uma morosa permanência
perpassa sobre sonhos
com um a ancinho de ferro negro, rasgando
e semeando sementes de soturna ilusão
e um sono de mil noites
promessa do veneno e da profundeza
A Hora das Bruxas voltou novamente.

História de três gatos
Novembro, 1977

Teddy Maroon, que sorte a tua
tens um balão para ir à lua.

Mimi La Chatte perguntou então
Quando é que vais nesse teu balão?

Disse Teddy Maroon a Mimi La Chatte
Vou quando este ar frio passar a ar quente
Vou já amanhã, vou hoje vais ver
Vou já esta noite, se me apetecer

Veio então um gato com um riso danado,
Frederico, o Magnífico, assim chamado
Disse ele ao Ted, com a Mimi ao lado
Olha lá, amigo, também 'stou convidado?

Mimi olhou de viés Ted e depois o Fred,
Quem vai é MIm MIm é que vai
Quando vier a hora que o balão sai!

Teddy não diz nada, não faz nem um gesto,
e foi Mimi La Chatte
quem saltou p'ró cesto.

O ar já estava quente,
sobe devagar o balão.
E o Fred de orelhas mordidas
ficou sentado no chão.

Foi preciso ir viver para o Midwest para descobrir o que era uma
"meda de milho".

POEMAS

O meu companheiro de quarto gozando um pouco de sol, Glebe, Austrália.

Sem preço

De dia vagueava pelo campus
e a mata da Universidade.
De noite aguentava os gritos e escondia-me do cinto.

Sempre à procura de alguma coisa que comer.
Na cozinha, o longo balcão de borracha
e o maciço fogão Chambers
deviam fazer as vezes de lareira.

O meu avô construiu esta imponente casa Tudor.
Para além da borda alta da bancada
o meu olhar seguia as cercas partidas meio podres
do outro lado do campo de árvores onde os seminaristas
vagueavam em inivisíveis pensamentos.

Pensava que devia encontrar mais
do que maçãs mirradas,
as antigas pastilhas Junket num tubo de madeira
para o que era preciso ter leite.

Havia antiquíssimas latas de ovos de codorniz
com tampas ligeiramente enferrujadas. Havia
travessas Meissen ligeiramente lascadas. Havia um sem fim
de objetos incomestíveis das coisas e loisas
que a minha mãe trazia para casa
e que arranjava nos leilões.

Eram sempre as coisas menos valiosas
as que guardávamos. Coisas sem preço
entravam e saíam de nossa casa rapidamente.
O baixo relevo de um rapaz de Donatello
comeu os cereais comigo durante uma semana. Como ele,
também eu esperava um fantasma numa combinação leve
sem fazer nada até me dizerem para dobrar jornais
para um cliente ou mudar de sítio uma cómoda.

Sobrevivíamos nas margens das coisas
comprávamos coisas baratas que vendíamos
para comprar mais.
Não confiava nas pessoas. Chegavam tortuosas,
a tresandar a doença, com mentiras incessantes
por entre sorrisos, deixando os filhos em casa,
dissipando heranças e abonos escolares
para alimentar o seu vício em coisas.

Pedíamos "manteiga de Verona" provada uma vez
numa rara visita à acolhedora casa de Frank
e da Sra. Rowe em Verona
ao voltarmos para um frigorífico
com o seu inútil naco de toucinho corado.

Fui levada a crer
que a presença de cebolas
em casa queria dizer que a minha mãe
era uma genuína gourmet. Disseram-nos
que em tempos, antes de nós aparecermos,
ela tinha uma vida sua.

Céu de tempestade, Real Jardim Botânico, Sydney, Austrália.

Beduíno

Quando eu partir serei um beduíno, empurrada
pelo vento para onde houver água, envolta
em panos para me proteger
das areias mordentes.

Não levarei mais do que a roupa no corpo
e tapetes que definem um território
para o descanso do dia e o descanso da noite
e almofadas e toalhas e mantas
e arte que me lembre quem eu sou.

O que usarei não é importante,
o que pareço, sim.
Estarei sempre à espera de ver
a árvore verde e cintilante.

A minha cebola mulata
Fevereiro, 2018

À segunda rodela
reparei na sua auréola,
linhas de um vermelho ténue brancas transluzentes,
nem vermelhas, nem inteiramente brancas

A película de cobre descaiu
sobre um ombro púrpura.
Imperturbada sobre a tábua de cortar alvejante,
ergue um sorriso de alfazema para a faca

Nem amarga, nem doce também,
fresca, santo Deus, fresca como Deus quis!
Realça para a humanidade o abacate, os feijões, o queijo,
uma colaboradora do tomate!

Esta adorável confusão humana.
Este *burrito* está completo.
Este mais pequeno mundo que conhecemos,
uma rebeldia deliciosa ao palato.

Ocasião
8 de Abril, 2011

Arranjo-me bem com os restos dos outros
e isto é tudo o que precisam de saber sobre mim:
O cabide de devoluções na TJ Maxx –
camisolas angorá feitas pela Twiggy.
Todas as casas que já possuí –
primeiro rejeitadas por algum cliente.

Os elegantes carros desportivos comprados por centenas
e vendidos décadas depois pelo mesmo preço
com apenas uns pneus novos
e algumas baterias pelo meio.

O meu cãozinho de peluche aconchegado
junto ao meu gato rejeitado
encontrado à hora de fecho numa sexta-feira,
levado às escondidas numa mala emprestada
num avião para Key West.

Há sempre uma ocasião.
Há sempre mais um
para salvar neste mundo de abandonados.

Onde vou com este poema

Quando abres a boca
saem dela aves voando
para o céu.

Quando abres a boca
o sol surge a brilhar
de trás de nuvens cinzentas.

Ninguém fala de tais coisas:
O Céu na Terra.
A tua língua é como veludo.
A tua voz é um beijo.

Jubilee Park, Glebe, Australia.

Na cabana de suar
1 de janeiro, 2009, 2019

Fizemos um sauna para nós
com restos que encontrámos.

Pedimos lonas de salvados
e sacos-cama mal cheirosos.

Curvámos e cravámos no chão
varas de árvore para fazer uma cobertura.

Envolvemos as mantas à volta
da cúpula para a forrar contra o frio.

Juntámos ramos caídos
como lenha para aquecer as pedras.

Abrimos uma cova. Enchêmo-la
com pazadas de pedras escaldantes.

Enfiámo-nos na cabana, sentados
anca contra anca e o peito contra os joelhos.

Alguém dá uma palmada num pé distraído
para o afastar das pedras quentes.

Ergue-se um cântico a um deus-macaco: *Shree Rama,*
Rama, Rama, Bunga ranghi Hanuman,

Bunga ranghi Hanuman, Bunga ranghi
Hanuman, Bunga ranghi Hanuman – Mahari.

Cantámos rosas enchendo espaços no escuro.
Quando ficávamos quentes, saíamos da cabana.

Cobríamos apenas os ombros, sabendo
Que na nossa nudez todos éramos semelhantes.

Trabalhávamos a meio tempo como enfermeiros.
Dois dias de trabalho pagavam a renda de um mês.

Enviavam armas para os senhores da guerra.
Esquadrões da morte americanos matavam freiras católicas.

Recebíamos oradores em bangalôs
em jantares improvisados à base de arroz e feijão.

Recebemos Noam Chomsky, Wendell
Berry e Holly Near.

Mobilizámo-nos contra o nuclear.
Mobilizámo-nos pela paz.

Quando *Segurança Social para os Ricos*
era enfiado como melaço pelas goelas abaixo,

fizemos a nossa própria mercearia.
Fizemos a nossa estação de rádio

Eles culpavam os vermelhos e os negros e os castanhos.
Culpavam as mulheres e os queers.

Levaram Aaron Schwartz,
Seth Rich, Chelsea Manning e Red Fawn.

Levaram Vanessa Dunden,
Julian Assange e Muhiyidin D'baha.

Levaram as terras dos camponeses brancos.
Tornaram a verdade ilegal.

Nos dias frios do Missouri entrávamos curvados
como árvores tenras na cabana-do-suor dos fins de semana.

Na nossa nudez todos éramos semelhantes.
Na nossa nudez, eles temiam-nos.

A minha casa fica no meio de um bosque selvagem.

Aqui jaz Ginger, cheia de graça
2010

Queria dizer-lhes que enterrei Ginger, a minha cadelinha, na quinta-feira, dia 23 de setembro, de 2010. Na noite de quarta-feira ela tinha saído de casa e voltara deliciada por ter encontrado alguma coisa nojenta em que se rebolar. Depois saltou para dentro do carro e foi comigo visitar a nossa antiga casa, subindo a correr três lanços de escadas. Na quinta-feira de manhã vi que tinha vomitado em oito sítios dentro de casa. Levei-a a dar um pequeno passeio nas vizinhanças, que ela queria fazer, mas que apenas fez com grande esforço. Voltei para trás com ela praticamente ao colo. Fez a viagem de volta no carro com a cabeça de fora, sorrindo ao vento. Pela primeira vez na vida não rezingou por ir ao veterinário e sentou-se na cadeira. Apressaram-se a levá-la para observação. O velho médico, Dr. Patrick, fez-me entrar no seu pequeno consultório e mostrou-me a radiografia do enorme tumor que ela tinha no baço. A Ginny sabia que a sua hora tinha chegado. Os seus adoráveis olhos castanhos fixaram-se nos meus sem medo e confiantes. Liguei para Katherine em Nova Iorque antes da injeção fatal da anestesia. Enquanto esperávamos que a sedação fizesse efeito estendi-me no chão ao lado da Ginger e deixei que ela me lambesse a boca e as lágrimas nos meus olhos. Levei-a ao colo para cima da mesa e o Dr. P administrou-lhe a dose mais forte de anestesia e ela foi-se finando suavemente. O veterinário levou-a pela porta das traseiras, deixando-me ali para que pudesse chorar livremente. O meu choro era um murmúrio, sem gritos, enquanto tentava ver como dar um sentido à morte e como as vidas continuavam. Quando voltei para casa, pedi a uma vizinha, Nita, que ficasse comigo até chegar uma amiga para me ajudar a enterrar a Ginger. Sarah, a filha da vizinha, e eu começámos a limpar um local debaixo de uma árvore antiga de camélias brancas, junto da campa do Dinky, o gato que tinha enterrado na primavera. Como estou grata à Katherine pela maravilhosa aguarela que fez com o Dinky e a Ginny na nossa casa em Fiddler's Marsh! Daí a pouco chegou a Suzy com uma pá, seguida pela nossa amiga comum Elisabeth. Vimo-nos as quatro claramente impotentes contra as raízes e os tijolos que misteriosamente pareciam cobrir o quintal a vários centímetros de profundidade, pelo que a Suzy chamou Neil, o musculoso amigo dela. Neil dispensou-nos, para irmos para dentro fazer daiquiris. Phil, um idoso hóspede da casa que me tinha encontrado através do serviço de alojamento da Igreja Unitária, chegou nesta altura. Lá foi dizendo que tinha trazido na bagagem duas limas "por uma qualquer razão", que calhou ser os daiquiris. A Abbie de 12 anos que morava a algumas casas dali era também uma das amigas da Ginger. Trouxe uma ferramenta que servia para abrir buracos no chão emprestada pelo pai, juntamente com a promessa de vir dar uma ajuda depois do seu jogo de futebol. O buraco foi aberto e a Suzy e a Elizabeth ajudaram-me a pôr a Ginger no fundo e a tapar a cova profundíssima. Como estava bonita e tão em paz!

Sentada no alpendre com a Suzy, a comer nachos de feijão preto, ela disse aquilo que eu tinha estado a pensar fugazmente, mas não seria capaz de pôr em palavras: A morte de Ginger era libertadora para mim, abrindo-me portas mais largas para novas aventuras. Durante a nossa visita recebi uma chamada com uma oferta de um bom preço pela nossa velha casa, a que a Ginger tinha mostrado a meu lado a possíveis compradores na noite anterior.

"Graça" é a palavra que melhor descreve aquela quinta-feira e os dias que se seguiram. Ginger era um cão cheio de Graça, tanto na morte como durante a sua vida jubilosa, afetuosa e inquisitiva. Todos os que a conheciam se sentiam tocados por ela. Gostaria de tentar viver mais como a Ginger, apreciando cada dia que passa e aceitando as suas limitações – especialmente louvando as limitações. Sinto-me extremamente comovida ao ver como amigos e vizinhos e familiares me lembram o que é ter uma vida que vale a pena ser vivida.
Obrigada por partilharem isto comigo.

Um Dia

Um dia
Maravilha.
Pessoas sorridentes,
estropiadas,
mas sorridentes.

Um dia
Nada.
Computador avariado, sonhos
desfeitos, sozinha.

Uma noite
Sonhos de sol brilhante.
Uma noite
Vazia de sonhos, abismo sem paz..

Assim é a minha vida. Assim
é a tua vida. Assim é a nossa vida
ligada por dias e noites.
Assim as nossas vidas ligadas pelo sofrimento.

As últimas maçãs que compro
Princípios de agosto, 2009

A última tarte de maçã
o último cesto de roupa.
Dobro com cuidado as tuas roupas
e arrumo-as por ordem em cima da tua cama.
O conjunto de meias de desporto que pertencem
umas à outras neste mundo impiedoso,
mas tu não me pertences já a mim,
mas sim a este mundo impiedoso.

O teu mundo está cheio de sumo –
"A Grande Maçã"!
Empanturras-te com falafels do Mamoud
passeias em Union Square
danças poucas semanas depois
com Sufjan Stevens no palco
com livre-trânsitos da Tisch
amigos a trabalhar nas luzes.

Estendes-te em soalhos de carvalho velho listado
no Yoga to the People.
A tua vida é sépia, luminosa em cantarias
que apenas conheço das fotografias.

Fui abandonada encalhada na Carolina
como um bernardo-eremita
sem saber o que fazer desta concha –
um museu que ninguém visita.

Mas, finalmente, pelo menos posso comprar as peras
de que gosto, que não iriam bem
com as maçãs que querias
e que eu não podia comer
porque me davam sempre gases.

Projeto de restauro da autora, em Charleston, Carolina do Sul.

Viagem para Telavive
Natal 2010

Não sou eu quem vai para Telavive.
Quem vai é a menina,
As faces redondas subindo ainda
Como montinhos de massa com fermento.

A mesa do aeroporto entre nós
é castanha e pequena como um selo
mas podia bem ser um oceano.
O silêncio turbulento na pista lá fora
e através desta espessa vidraça.

Irreprimivelmente, digo-lhe que os olhos dela
são da cor do chá verde
que ela segura de um novo modo, confiante
com mãos que antes se desenhavam
em papel castanho para me fazer
perus de Ação de Graças,
aves sem voo, como eu.

Sem casaco, quase implume
ela ruma para a neve.
"18 polegadas", digo. Diz que já sabia.

Mas os olhos dela dançam
um espetáculo de laser no meu ecrã negro.
Vejo-a como uma gota de leite
numa fotografia estroboscópica de um balde
de leite, em que a auréola
é um círculo de mísseis fálicos –
sírios, iranianos, palestinianos, apontados
a calçadas de raparigas loiras cintilantes.

No tapete rolante de borracha
em contínuo movimento – abraçamo-nos,
abraçamo-nos e voltamos a abraçar-nos as vezes que desejo.
Dizemos "Adoro-te" e beijamo-nos
como se os meus lábios fossem ímanes
que pudessem ficar colados às suas faces.

Mas a minha mão impele-a para a frente
nas suas botas de segurança novas.
A última coisa que vejo dela são as suas asas
espreitando através da camisola beige,
uma que deixei de usar.

Mercearia
Primavera 2011

Todos os dias merecem os seus próprios recursos.
No dia de hoje eu era a jangada de salvação dela,
da mulher do gato
e do marido semi-famoso
ou seja, que estava sempre sozinha.
A t-shirt de um verde-lima
enfeitada com versos cor de rosa era
tão juvenil que só o seu recente neto
havia de a usar em público.

Num outro dia, é o hálito dela
convocando o vento para me soprar para oeste.
Acha a minha silhueta *deslumbrante*
recortada contra o poente,
e uma nova
igualmente boa todos os dias.
Mas hoje tagarela –
Não há maneira mais amável de o dizer –

sobre preparados para brownies, mas não da marca dela
depois das suas tribulações em dois, ou antes três
lojas, esperando o gerente,
"esgotado aqui, encomendado ali"
esforçando a articulação da minha vértebra cervical
como uma figurinha de cabeça oscilante "made in Occupied Japan".
Por entre os meus sorrisos forçados
apenas conseguia pensar
na gasolina gasta, e porquê?
Porquê comprar preparados para bolos?

Ginny em Sullivan's Island, Carolina do Sul.

As mulheres são a água
4 de abril, 2011

Eu não sou a ilha de areia para onde nadas.
Sou a água que envolve as células vivas.
Sou o líquido onde
os teus pensamentos boiam ou se afundam.

Talvez asas brancas de íbis
possam poisar para uma bebida fresca.
Talvez possam afagar o teu cabelo como
os dedos da mão de uma mulher.
Bebem a minha água.

Passaste uma vida em busca
de ilhas paraíso para controlar,
acreditando que quando cospes,
estás a regar um jardim.
O cuspo é também a minha água.

Sou a água que envolve as células vivas
e bebo lágrimas vertidas
e por verter, até que um rio
te trague com a sua força irresistível.

Sou um gotejar de leite,
crescendo do campo de milho,
o suor na tua sobrancelha.
Alicio pedras a tornarem-se areia.

Tu sem água não és nada.
Sem sangue, osso seco sem músculo.

O vento traz consigo vozes que cantam.
As mulheres trazem peixes à cabeça.
Movem-se como as girafas se movem,
pescoços e membros num belo movimento sincopado.

Levantas a cabeça para chorar.
Nem um som se ouve. Nem
um som se ouve. Nem um som se ouve.
A tua boca está seca

O meu alpendre em Mount Pleasant

A minha casa fica no meio
de um bosque indomado, escuro
de carvalhos, nogueiras e fetos vivos.

Arcos de arbustos sobre o olho
ciclópico coruscante de Hobcaw Creek
como uma arcada ciliar retendo peixes
de prata fluindo junto aos blocos de cais
das choupanas dos libertos em Remley's Point.

Uma pedra do lastro de um galeão lançada
sobre o Rio Cooper haveria de atingir a indústria
de Neck primeiro, depois assombrar a Citadel, embater
na Medical University, ferir o College e
fazer estragos entre as rosas plantadas
no aterro de White Point Gardens.

Nos Anos 50, palmilhando estradas de terra batida
até escolas segregadas,
crianças de olhos brancos acenavam tímidas
a homens em barcos escuros rumo a qualquer lugar.
Negativos, familiares, como eles.

As estradas ganhavam uma geada de asfalto de alcaçuz.
Troncos de creosoto enterrados em lama
fofa como velas de aniversário.
O cheiro de sal e gordura e de pequenas
vidas em putrefação transformando-se em mineral
é um cheiro que não se pode tirar com sabão.
É por isso que são precisas orações.

Vêem as árvores tombadas por homens suados
no calor de três estações?
Sentem o cheiro dos pneus a arder enquanto
eles gemem sobre o chão de restolho
construindo o novo Hospital Durst?

Ouvem os camiões de tijolo roncando
pela South I-26 fora vindos da Carolina do Norte?
Vêem os canos de esgoto de Orangeburg
De um laranja vivo na lama?

Os índios, as palavras tão bonitas *Wando* e *Etiwan*
que deixaram para esta terra e água
deviam querer dizer o próprio mundo,
senti-las na boca –
Wappetaw, Hobcaw, Abcaw.

Cruéis sinais de trânsito surgiram,
repintados todos os anos de Verde Charleston

fazendo da escravatura mercadoria chique,
Creole Plantation, e *Overseers Retreat.*

Provei cerosos dióspiros bravos, tantas vezes
quantas pude, antes do terreno vago no pântano
ser vendido. Ouvi as codornizes que se bicavam
em gaiolas que o velho Mayor Coleman tinha
atrás do cemitério de Greenwich Street.

Assustei um último peru selvagem
a semana passada no pequeno bosque atrás de minha casa.
Oiçam, não se pode confiar na história.
Ouçamos apenas o que é de hoje.
Os sons são água borbulhante
correndo acima de nós, silenciando folhas como
tafetá, esquilos caminhando como santos sobre as águas.

Rãs verdes das árvores soltam gritos estridentes sem parar,
invisíveis. Sapos saltam para o charco quando chegamos perto.
Rãs-touro harpejam. O picapau de cabeça vermelha
batuca toc-*toc-toc-toc-toc* toc
no tronco apodrecido do castanheiro
anunciando a minha hora do chá.

Magnólias cospem sementes para o chão.
Térmitas cavam. Toupeiras abrem túneis.
Bolotas premem puramente contra os pés descalços

e deitam ao chão quem for tolo bastante
para andar de sapatos.
Raízes fazem-nos tropeçar. Amores-perfeitos passam
voando por cima de minúsculos ombros furiosos arfando
a enterrar avelãs nos meus canteiros macios.
Arranco raízes de renovos uma a uma
num mês da nossa dança sazonal.

É aqui o mais sagrado dos lugares, todos
os verdes brilham em contraluz como vitrais.
Sub-bosque e dossel,
Isto é uma catedral
que faz explodir o meu coração incessantemente.

Zeus
3 de julho, 2011

Não podes imaginar
Quanto isto significa para mim.

Recuámos para ver um grande cão,
um *labradoodle*, que mais parecia uma ovelha
desajeitado, uns trinta quilos.
Não se viam bem os olhos dele,
mas adivinhava-se que seriam redondos
e castanhos e húmidos com *joie de vivre*.
O seu espírito chegou pelo menos
a três casas da casa dele
com a menina, roliça e radiosa como um pintarroxo,
junto à vereda através das árvores até ao recreio
onde persegue o sol e olha deslumbrado, tal esfinge
a brancura da lua.

Abandonado por três donos
antes de encontrar um lar
com duas mulheres inválidas.
Uma exuberância de fazer estalar os ossos de uma pessoa.
Uma patorras que arrancavam os botões do casaco.
Uma testa colossal rompendo o osso
para cerebrais encontros de espíritos.
Não fazes ideia do que ele fez

Cá dentro de nossa casa,
disse a rapariga ao vizinho
do caniche de tosa holandesa

Com o pai que usava uma pesada corrente
de ouro ao pescoço, as duas mulheres e uma rapariga,
Zeus aplicava-se, descobria-se,
na sua vocação como cão de terapia!
Levou para casa troféus de ouro, um
atrás do outro, deixando o
lhasa apso a ganir,
louco de inveja.

Então, depois de uma viagem de carro
de quase mil quilómetros com o seu lhaso
para ver a sua menina no campo de férias,
encostou a grande cabeça sólida
naquele peito macio de mulher e
sucumbiu a uma insuficiência renal.
Foi encontrado como vidro partido
e serenado com um mar de paciência.
O seu trabalho ficou bem feito.

Seja-nos um dia concedido
poder entrar na luz de Zeus.

para Abbie, Kristi e James

Passeio de bicicleta

Pela manhã reparei
os cheiros são mais intensos.
O lixo ainda não foi posto na rua.
Nada está fanado pelo sol.
O ar é fresco, incontaminado
pelo fumo dos escapes.

Um homem magro de ébano polido
com uma barbicha crespa
passa de bicicleta, a t-shirt branca,
vejo, acabada de sair do plástico. Ao passar,
faz um aceno, perfumando o ar de *Cashmere Bouquet*.
A sua bênção acompanha-me por meio quarteirão.

Borboletas monarca alaranjadas
fervilham sobre o amarelo berrante da lantana
em frente ao Comfort Inn Motel.
Uma poalha de pólen entra-me fremente no nariz.

No molhe um pescador matinal
de calças de káki engomadas lança
o anzol nas águas flácidas. A sua colónia
com um cheiro intenso de sândalo e almíscar.
Espera sacar um peixe bravo estorcendo-se,
o sangue ainda gratificante nas mãos dele.

Antes que o orvalho seja roubado,
quando o mundo volta a ser redondo,
os ciclistas traçam a imagem dele
com o contínuo movimento do pé e pedal.
Antes que comece a marcha de atrocidades
é bom ver as asas de uma borboleta.
É bom desejar um dia inteiro de paz.

Às 11h15 no supermercado de East Bay Street
1 de agosto, 2010

Lá fora um escuro de breu e ainda assim
tão quente que os mosquitos se colavam
à dobra do meu cotovelo.

Lá dentro, de calções *Soffe* de um laranja vivo,
estudantes palradoras, nas mãos pacotes de cerveja
razoável, carnes frias e doces,
faziam tempo na fila de autopagamento.

As luzes no teto desligadas corredor a corredor
incitam-nos a que nos apressemos, mas ninguém
tinha qualquer urgência a chamá-lo
a esta hora.

A charcutaria estava mais do que fechada;
bandejas cinzento escuro e vitrinas húmidas
onde deveriam estar queijos amanteigados
e carnes frias rosadas.

Encaminhei-me para o expositor de carnes embaladas,
optando pelo salame natural, não-curado
"Pague um, leve dois"

Levei os dois para a caixa
para negociar o "Pague um, leve dois",
quando reparei nela, a última que restava na caixa.

Estava encostada
a um estrado,
as costas voltadas para o estacionamento.
O rosto brilhante como chocolate derretido.

O fecho do blusão puxado até cima
contra a possibilidade de o ar condicionado
lhe acertar com dardos de gelo na cabeça,
enquanto a humidade a alagava de calor cada vez

que as portas elétricas zumbiam, deixando entrar
mais clientes.
Os olhos dela arregalavam-se incrédulos.

Quinze anos antes devia ir a pé
para o trabalho, e preferir comprar a sua
comida no Vegetable Bin. Mas isso foi antes
de o *liberal* mayor da cidade *libertar* os pobres,

demolir bairros sociais para abrir a vista para o rio
ao setor privado que vendeu em conjunto
com um estádio a que deram o nome dele.

Agora leva 90 minutos até ao emprego
que não lhe paga mais do que antes pagava.
Apanha três autocarros,
e faz a pé a distância entre as paragens.

Onde não há bancos nem abrigos,
Ou gasta três horas de salário
por um táxi malcheiroso e sujo.

O meu salame sem cura não podia curar nada disso.
Não podia pedir-lhe
para fazer mais nada, a não ser que fosse para casa
para os filhos dela e dormisse bem.

No estacionamento passei pelo polícia,
os dois salames debaixo do braço,
esperando que não pensasse que eram roubados.
Não se aproximou. Também ele parecia cansado.

Alegoria

Esse que tem uma tatuagem no pescoço
para chamar os muitos beijos das mulheres —
Membros compridos, peito largo
e um impossível cheiro a pêssegos
está para sempre desfigurado, afinal.

Luster Laundromat, Glebe Point Road, Glebe, Austrália.

Este vestido
Julho, 2001

Este vestido que trago é invisível,
por vezes nada mais que uma loção
entre duches.

Este vestido que trago por ti com um decote
até ao umbigo, fendido até ao umbigo.
Para esta traiçoeira viagem até ti
escolhi uns saltos agulha Manolo Blahnik
sabendo que um só dedo teu me pode derrubar.

Este vestido é *cerise*; cereja, em francês
De cetim justo, franzido.
Abre-me caminho ao entrar nos correios,
ao passar na rua, nas reuniões aborrecidas,
por toda a parte onde vou.

Este vestido é leve como seda, espesso como lã.
Este vestido é quente como angorá, fresco como água.
Este vestido que trago é transparente.
Sinto-me nua em público quando o visto.

Este vestido chama a atenção –
Mulheres perguntam-me onde o comprei,
homens querem cheirá-lo, esfregarem-se nele.

Este vestido é de um azul esfumado,
tão transparente que posso jurar
ser feito da tua pele, arrancada
sem mais pensar
das tuas coxas pedalando por montes distantes,
das tuas costas jogadas numa cama estranha
e atirada pelo cano abaixo com
o champô de outra mulher.

Sabias que este vestido se tornou
no meu preferido e é só com relutância
que o tiro para o mandar limpar?
Que fico sempre com um medo louco
que possa ter encolhido ao voltar,
desbotado, ou não – perdido de todo?

Vivi muito bem anos e anos sem este vestido.
Agora pergunto-me como tirar dele mais anos,
impossivelmente mais anos do que
os que o tecido costuma conceder.
Quero criar memórias neste vestido.
Quero que este vestido figure em pequenas histórias.

Mas, eis que chega mais uma longa noite

E tenho de ir buscar o vestido

e dormir com ele.

Sei que ficará horrivelmente enrugado,

ou que o posso rasgar com o uso que lhe dou.

Mas como saber como tratar este vestido?

Preocupa-me porque

não há no mundo outro vestido

que me assente tão bem e me favoreça tanto,

e sinto que este vestido tem de ser meu.

Como descobrir se um novo conhecido é um homem, ou um qualquer híbrido bizarro
Primavera de 2011

1. Se ele se lamuria sobre:
   a) o emprego ou outro "dilema",
   b) "não conhecer realmente ninguém aqui",
   c) a sua separação complicada,
   d) os seus problemas de idade ou a sua calvície,
   e) o frio que está;
2. Se tem um comportamento estranhamente inocente para a sua idade quanto aos usos ou convenções sociais;
3. Se não te dá o seu número do emprego e/ou o endereço de email;
4. Se liga para ti ou te manda mensagens várias vezes por dia e a sua persistência não faz qualquer sentido porque não têm realmente nada para dizer;
5. Se chegas a questionar se ele não andará simplesmente no engate e ele se mostra ofendido e na defensiva;
6. Se ele chega sequer a pensar em ter sexo sem usar preservativo;
7. Se tu dizes que não queres ter sexo e ele continua a tentar na mesma;
8. Se ele é demasiado velho para ter filhos, ou se tem filhos e raramente os vê;
9. Se ele se mostra excessivamente orgulhoso dos pés que tem ou de qualquer outra parte do corpo de um modo que uma pessoa normal apenas mostra acerca dos pés ou de outra parte do corpo de um filho recém-nascido;
10. Se ele tem um tipo de nariz infantil estranho e arrapariagado;
11. Se achas que ele é uma pessoa pouco interessante, mas sentes que tens de estar com ele para ser simpática;
12. Lembra-te que há uma data de coisas que têm pénis, sem que no entanto sejam homens.

Passos em falso
8 de maio, 2011 (Dia da Mãe)

O rapaz tatuado – chamemos-lhe Chad
podia estar há dois anos neste banco de igreja
antes de eu o poder olhar
de frente, tal como não se olha
para um anão, ou uma pessoa obesa.

É uma incógnita,
que era a sua melhor escolha
como sinal de terror – o meu ou o dele –
as marcas na sobrancelha como Frankenstein
– pontos, pelo que sei, com um nome
que pode ser de um bordado,

ou o nariz, furado e dilatado
– onde o septo normalmente separa as narinas
– a formar um buraco em baixo, arrancando
involuntárias imagens de orifícios
forçados sem outro valor senão traição.

Algo me protegeu grandemente
do preço que hoje paga pelos seus erros.
As minhas escarificações são igualmente deliberadas
é certo, mas o meu sofrimento é oculto.
Abafo os meus gritos com protetor solar.

Ele é mais assíduo do que eu na Escola Bíblica.
Uma vez em que puseram o meu número
no boletim da igreja, ele ligou para mim, com urgência
pedindo boleia para uma reunião em minha casa,
sem pensar que estaria muito ocupada a cozinhar
e em limpezas para sair, por isso disse-lho
e deixei-o onde ele estava.

Ontem, cometi o erro de confiar
num possível cliente. Passeei-o de carro
por três cidades engolindo insultos e a mentira
de que tencionava comprar-me uma casa,
ao saber a minha profissão, e eu
não era nada, apenas alguém que ele enganava.

A minha vizinha, com um marido capaz de explicar
que a bandeira Sulista no carro
é um símbolo da liberdade americana e
do pensamento independente, trouxe-me hoje
um bolo
para festejar o seu fogão novo.

Reanimo uma beringela desfalecida num belo prato.
Tempero a sua insipidez com sal e cominhos.
Faço um babaganuche com
manteiga de sésamo rançosa, deitando fora
o óleo, esperando reduzir
o pior das suas toxinas.

Demasiado desorientada para fazer uma boa mistura das coisas
o meu maior erro é aceitar
os erros dos outros como sendo meus.
Até hoje. Os que não estão muito bem ainda
estão muito bem presentes,
o xamã, os confessionais,

os virados do avesso para todos verem
a despeito deles próprios,
sem qualquer verdadeira escolha na questão,
mostram-nos a toda a hora e momento
a forma da alma humana.
Dancem, dancem, desajeitados dançarinos!

Verdadeira tradição americana, Glebe, Austrália

No torneio de pesca com Paula
12 de julho, 2001

Sob a casca de limão sorridente da lua,
ondulando entre vastos lençóis de um cetim de breu,
sob a solidão, a indolência, a vergonha,
sob mastros, vergas e gruas,

nos deques do *Siked Out, Play Deep,*
Laid Back, Skee Bo,
Risky Business – outros nomes de barcos que conheces,
sob o cheiro de perfume,
fumo de cigarros, o cheiro acre do atum,
observando as facas de peixe com que os homens
abrem ventres de onde entranhas se derramam;
pampo fresco e cavalas.

Rapariguinhas volitam em sainhas curtas
abundam em volta os beijos borboleta.
Homens bronzeados tão felizes, a pé das quatro da manhã
às seis da tarde , à mangueirada a proas de milhões de dólares
para nos mostrarem entrando a bordo os seus troféus.

Passando sashimi, bolachas salgadas,
Patê de atum e camarão feito no barco
"Feito com 140 ingredientes"

diz um brilhantíssimo chef do Sul,
jubiloso, um carpinteiro de profissão.
Ondeando sobre as vagas
instáveis como crianças pequenas
homens-rapazes dormem como bebés
aninhados em beliches ínfimos,

os punhos ainda apertando mastros firmemente.
Sonhando com maços de notas suarentas e
o Rolex prometido
pelo dono do barco, "Vamos a isto",
diz Walker.

Num ninho de Ray Bans, mapas,
pacotes de Snickers de um tamanho Halloween,
latas de cerveja, coisas afiadas, anzóis
e almofadas, o balanço ondeante
das ancas de uma mulher embala-os
a todos até adormecerem todas as noites

Não vamos além do Harbor Resort & Marina
de Charleston, embora isto seja
uma cidade branca de barcos, 102,
os melhores em "Captura e solta"
de todas as marinas entraram este ano.
Os nomes do capitão e tripulação são desconhecidos
mas têm o mundo nos olhos injetados.

Zen de um homem do sul
2001

Na verdade não é possível talvez

ver bem através da polidez

que a mãe de um homem do sul lhe ensinou.

Alegre, há de mostrar que é capaz

de agradar – este rapaz.

Não desapontar foi a sua educação.

Penumbra
2011

As coisas guardam memórias.
Todos sabem isso, naturalmente.

Assim, na curva do abajur
de seda, vejo
a loja de candeeiros da rua ao lado
com Katherine naquela viagem a
St. Augustine, tinha ela onze anos.
A jovialidade forçada, a minha tristeza e amargura
a todo o momento retesadas como
o tafetá aramado.

Talvez as coisas nos possam libertar.
Repositórios da nossa insensatez.

Testemunhas dos nossos sonhos
de uma sala de visitas perfeita,
de uma infância perfeita,
não se riem alto. Não arriscam
uma opinião. Sabem que pouco importa.
Fizeste o melhor que podias. Sim, falhaste e,
sim, foi demasiado caro, e mesmo assim não estás na moda.

O abajur era já antiquado
quando o compraste.

Mas estará uma vida bem vivida
Alguma vez realmente *na moda*?
e, custe ela o que custar, não deveremos nós
tirar dela o maior prazer possível?
E, no fim de contas, não terás tu
força suficiente para dar conta do recado?

Atenuas a luz mais crua
das lâmpadas, ao fim e ao cabo.

Autora e camelo anónimo, Birubi Bay, Austrália.

Muitos mundos, um único Sol
10 de outubro, 2009

Há sempre em mim um recuo ao ser apresentada
a uma *Lakesha* ou uma *Shameka,*
com a palavra a chamejar como uma tatuagem de prisão
num lugar proeminente.
Quer dizer, que pais dão
a um filho os pregos para
o próprio caixão ao nascerem?

Porque dar a um filho um nome incomum
quando é tão simples dar asas?
Com um *Mark* ou uma *Susan* poderiam
navegar acima das dificuldades
em correntes mais amenas, planando.

Vi um filme de ação lenta, *Goodbye, Solo.*
Um taxista senegalês cujo nome
verdadeiro era *Soulemane,* que
fez uma promessa: segue
um desconhecido para evitar que se suicide.

Segundo os sensatos critérios ocidentais, este homem
não tinha qualquer motivação, como um Cristo
e o desconhecido não gostou nada daquilo nem dele,
mas o emigrante ficcional que fez a sua vida

com bocados da de outro desenterrou a minha vida,
Sacudiu a terra do medo de morrer sozinha,
do medo de já estar morta de certo modo,
arrancando-me das minhas raízes,
replantando-me num algures desconhecido.

E senti-me abalada ao compreender
que aqueles "pais negros e pais castanhos",
como Cornell West distingue, por uma outra
razão que eu não sei, aqueles pais
displicentemente usando a agulha ardente
e a tinta num recém-nascido indefeso,
estão na verdade a criar um
inteiro novo mundo que talvez eu queira visitar.

E apercebo-me de que a minha raiva
não tem a ver com o filho deles, mas antes,
lá vamos nós outra vez – é tudo acerca de mim –
tem a ver comigo porque eu preciso deles.
Preciso dos filhos deles estranhos e de pele escura
no meu mundo. O cheiro pungente
da sua pele a madeira antiga e caril,
a sua insondável adoração por penteados,
porque, como digo sempre, preciso de opções.

A verdade é que não consigo partilhar
o mundo com a palavra "não"
e revoltam-me todas as portas fechadas.
Sem assombros nem mistérios para sondar
e habitar, ou como leões, para saber
que ainda existem em qualquer lugar, sinto-me
como se morasse em sítio nenhum.

Katherine e Sherrietta, último ano do do jardim de infância, Charleston, Carolina do Sul.

Nó
Janeiro 2009

O fascínio da madeira
o seu brilho de cetim
Uma espécie de pele, mas sem
toda aquela lassa emoção.

Debruçada sobre a meia lua de uma coluna
de 140 anos de um carvalho com 2000 anos
na Igreja Congregacional Circular,
sinto o desejo de ser como a madeira,

o modo como cheira tal um humano
que antes viveu, deu origem a outras árvores
precisou de terra, ar e água
para viver – não demasiado –
deu sombra a crituras pequenas e grandes

como o lilás perfumado, o pungente alimento do dióspiro
– bolotas, maçãs, pêssegos para tartes,
pinhões, pólen para abelhas,
xarope de ácer para delícia das crianças

Casas árvore/casas nas árvores
mariposas-azuis/pássaros vermelhos com asas pretas
águias pesqueiras de peito branco/esquilos
brancos de Megget

Ouvindo como carvalhos vivos há 300 anos
em parques de onde não podem sair,
bebendo confissões de mães,
homens de negócios falhados, danças de recém-casados
felicidade, mágoas.

Sustentando o peso desta congregação
contendo a calçada em Chalmers Street
contendo os escravos nos porões dos barcos negreiros
contendo as minhas saladas partilhadas, guisados em acampamentos
contendo o jantar diante de televisões.

Dando ainda quietude, cabos de faca, tábuas de cortar
carvalho francês para o grená do Beaujolais
um barril/uma cama/uma casa/um barracão
madeira para o barracão
calor/potassa/potássio/cinza.

Queimada em carvão para se espalhar como seda
em pinturas de guerra a brincar aos índios, para ferrenhos do futebol
para o kohl dos olhos das sedutoras, *Cleópatra, Sappho,*
Theda Baras e *Kate Mosses*

Enegrecendo dedos de artistas
desenhando árvores em folhas de árvores lixiviadas
guarnecendo bifes alimentados a milho, postas de salmão,
guarnecendo espigas assadas em camas,
embalando legumes em papel da cor
de pele humana.

A preferida idade da madeira é a meia idade –
calma, inerte, robusta, leal,
a madeira domesticada da mesa,
da cama, do banco de igreja, do degrau da escada.
Madeira que toco, afagada
pelo tamborilar dos dedos, por palmadas
decididas, francas, por faces toldadas de lágrimas
beijadas por lágrimas, por baba de bebé,
amadas do modo como as pessoas escavam o caminho
de umas para as outras, deixando pequenos túneis.

As árvores envolvem a luz, moderam o calor,
suam gotas de água doce,
sofrem fogo de artilharia, sugam
a água das tempestades, exalando incessantemente,
indignos somos nós de respirar.

As nossas sombras, o melhor de nós
escutam, enquanto elas sussuram ao vento

chorando os nossos pecados humanos.
Abanando as cabeças diante da nossa obstinada pequenez,
as nossas vidas curtas e fúteis –
*"Nem uma baqueta de tambor se pode fazer
de um osso"*, dizem com um suspiro.

Proprietário de casa em Galveston, no Texas.

Casa em Galveston, no Texas.

Breve Poema sobre o Texas
Julho 2007

Isto é uma homenagem
ao polícia bem parecido
que me mandou parar por ir a 95
numa zona com limite de *70 milhas por hora,*
achou perfeitamente razoável a explicação que dei
que ainda era muito cedo
e que tinha uma viagem de 13 horas pela frente
e tinha de fazer o máximo de caminho
enquanto tinha os sentidos despertos.

Deixou-me seguir com uma advertência, espantado,
"Não me diga, dez para um?" quando eu lhe disse
o rácio de mulheres e homens na Carolina do Sul.

Escrevo enquanto conduzo
Entre os lampejos do sol ofuscante da primavera
cintilando em todas as janelas e
na pintura de mica dos carros paralisados
no Main Boulevard a qualquer hora em Austin.

Escrevo enquanto conduzo em círculos
recuando de impasses no campus da UT.
Escrevo sobre conduzir carros
De um para outro pavilhão de
quatro quartos de 400.000 dólares
para me maravilhar com a arte marginal
no quintal ao sol com Ed e Wendy.

E escrevo enquanto conduzo
entre Austin e Houston
onde escrevo nas margens e
em todas as caras brancas das
fotografias do *Houston Press*.

Escrevo em South Houston
deliciando-me com a sua aspereza refrescante,
comendo uma das últimas refeições servidas
no Otto's BBQ Hamburgers.
O empregado, com ar de bibliotecário,
garante-me que o chá
não é fraco, com um
"Não, é forte, é ice-tea do TEXAS,
sem açúcar."

Escrevo encalhada no trânsito ao lado das vacas
que pastam junto a casas de vinil meio-construídas
"A partir dos cento e dez"

No Texas, terra da inversão de marcha legal
com sinais imitando uma ferradura invertida.
No Texas, onde o meu Lexus rejeita a sua navegação
para seguir antes um louco bordado de quilt.
No Texas, terra das alegres
estações de serviço Valero baratas de cor turquesa.
No Texas, onde homens negros se arrastam no
calor da tarde, dançando o "rai's me parta"
do diabo do desemprego.

Em Galveston, caminho
tirando fotografias de beleza em ruínas
que o último furacão explica.
Tomo um pequeno almoço mexicano, barato e farto
com o mayor e o filho; quatro dólares
por feijões, tortilhas, ovos e batatas.

Na estrada dos camionistas, apetece-me parar
em todo o lado, em todas as pequenas tendas,
às vezes uma simples lona atada
a quatro pilares com um letreiro escrito à mão: *Cocos Frijos,*
em lojas de conveniência indiferenciadas,
no *Handistop Food Store,* no *Rosie Food Store* a seguir
numa casa de blocos de cimento pintada de branco e
em vendas de tacos a 1 dólar brotando de antigos autocarros.

Nunca poderia ter escrito sobre
Waterloo Records ou *BookPeople*,
lugares de que gostei bastante.
Nunca poderia escrever sobre o Texas sentada a uma secretária.
Escrevi na estrada com a impressão de estar
numa mina de ouro sem precisar de escavar
feliz por nunca ter um desastre.

Caindo da borda do mundo
5 de julho, 2011

Ir para a Austrália deve ser como ter uma doença terminal.
As pessoas querem ajudar. Olham-nos com pena
e também zangadas, revirando nos dedos as contas por pagar
olhando de través os filhos mal agradecidos, sujeitas
a vizinhos que mandam a polícia bater-lhes à porta
por estacionarem na rua e não
no acesso da garagem.

Todos querem uma lembrança para dizerem "Em tempos conheci-a"
embora, há anos aqui, raramente tenham aparecido.
Com tão pouco tempo, ficamos exaustos
só para decidir que momentos partilhar, é
o suficiente para mandar uma pessoa para a cama
com uma dor de cabeça.

As decisões a tomar, pôr fita adesiva nas garrafas
que podem rebentar, ou não, com a pressão.
Que levar na mala para um lugar tão remoto, os
seus insetos venenosos, a moda de lá, que não conhecemos
nem podemos conhecer, e que estaremos nós
a fazer lá?

Despindo a casa para pessoas desconhecidas, despindo
as pessoas que todos os dias amámos, despindo-nos

para fazer surf de peito, esperando que Deus não permita que nos afoguemos ali sozinhos, antes nos mande de volta, renovados.

Wentworth Falls, NSW, Austrália.

Há dias em que é possível fazer uma data de coisas
Junho, 2010, para Gloria em St. Augustine.

Por vezes ao fim do dia,
sentes-te mesmo feliz.
Às oito da manhã, vestes o teu
fato de banho branco
vais de carro até à praia para nadar, mas
no estacionamento toca o telefone,´
e não são boas notícias
como te dizem numa cuspidela de tabaco
mas que tens de ouvir. A meio do caminho, a bateria falha
e nunca poderão saber que
estás a queimar combustível precioso, o motor
em ponto morto, inclinada paralela
ao assento do passageiro, sem tirar
os olhos do olho vermelho do carregador
apenas alimentado à força, num ângulo instável
contra a tomada do tabliê e que
ligar de volta para essa pessoa está fora de questão
porque o sangue que aflui à tua cabeça
faz com que te lembres da recente resolução
ao ler a nova palavra na *Readers Digest*,
"monotarefa", de seres isso mesmo, e então desligas.

Seja como for, pelas 3 da manhã
decidiste acreditar em Anjos –
Anjos, não ângulos –
que, faz sentido, devem por natureza
fazer o seu trabalho de modo invisível
Tal como os dois agentes imobiliários
que valentemente continuam a mostrar
a tua casa vazia são sobrenaturais mas
mesmo assim não vendem nada, e no outono
levada pela apatia aceitas
uma oferta que não te dá para
reparar o buraco na porta do carro de onde
quando dormias em casa do teu primo
um rufia qualquer enfiou uma chave de fendas
para fazer saltar a fechadura em Newark
e apesar das cicatrizes na cara,
este bate-chapa tem um ar beatífico ao dizer
"Vou encomendar a tinta e ligo para si
quando estiver pronto" e tu dizes:
"sim, mas quanto me vai custar" e ele diz: "Oh,
não lhe vou cobrar por lhe dar uma pintadela!"
como se a vida fosse assim por estes lados
e tu pensas que as tatuagens no braço dele
parecem mesmo iluminuras
de um manuscrito flamengo do século XV,
e enquanto esta ideia amadurecia
entras na garagem e preparas-te

para picadelas de aranha na caixa do correio, tretas
dos tablóides, o último boato sobre o Banco de Criminosos,
um camião veio parar a teu lado e
um homem de ombros largos num amplo
chapéu de palha saltou para fora, rindo,
transportando os fardos de caruma, risonho
quando te perguntas se também ele é um anjo,
apesar de ele insistir em ser chamado *Diablo*
e, tu assim fizeste, ou não fosses tu
uma meio Unitária, já agora.

Às oito da manhã ninguém sabe
que ainda estás de fato de banho
com amigos a ler poesia
nas traseiras do Dock Street Theatre
caminhando numa rua empedrada
espantada que no dia de hoje precisamente
trouxesses sapatos confortáveis para a surpresa
no fim do arco-íris;
uma galeria de arte onde miraculosos queijos
e jarros de daiquiris te esperam,
e porque é verão, e tens
vestido um fato de banho, levantas
a tua capa para mostrar o fato de banho,
o que te lembra,
que testás inscrita numa piscina na cidade,
onde, apesar da água a princípio parecer fria

percebes que é antes fresca,
que é precisamente o que te apetece
no fim de um dia longo e pegajoso.

Não pareces nada mal nua no espelho,
pendurando o fato de banho
no termostato do sauna
enquanto te estendes agradavelmente
no escuro esperando uma saciedade animal.
O fato seca rapidamente para o usares em casa.

No balcão, só porque tu pediste,
o empregado oferece-te dois livre-trânsitos,
embora nunca façam isso
e desta vez o telefone toca e é um amigo
que amanhã não estará a afagar soalhos
e por isso de manhã te ajudará nas pinturas
e a mulher dele anda a fazer
outro querubim de olhos castanhos e
tu dás um passo fora do prédio para
um céu pintado num azul-Prússia,
membros lavados, ligeira, e
as estrelas lânguidas cintilam
com todos os beijos que
os Anjos têm reservados para ti.

Mulher no aeroporto de Filadélfia com a família à espera

Foi num avião de Abu Dhabi
que o destino deles foi lançado

O coágulo atacou 23 horas depois da descolagem,
confinado numa cabina.

O marido arrastou-se até ao passadiço
e caiu sobre os joelhos, o olhar vazio.

Ela pusera a mesa com
jantar para sete em Saddle River, New Jersey.

Onze anos passaram. Ela está num aeroporto
à espera que reparem a avaria no avião.

"Este é o meu Joe, esta a minha Martha, o meu Steven, o meu Billy, a minha Frieda. E este é o meu Frank."

A família gorda e feliz parece contente
de camisolas de Natal.

Uma voz interrompe-nos, anuncia que há um autocarro
para nos levar até Newark. Trocamos um aceno.

Ela estende-me outra, uma recente de Martha, agora com 17,
com Frieda; ombros mexicanos, largos, no comando

enquanto vai levar um pai quezilento
para um lar de idosos.

Billy e *Steven*; meio irmãos, *meio*
Apaches no South Texas rezingam,

Frieda, nascida de surpresa
Depois de terem adotado os outros dois.

Toca o telefone dela. "Mais dinheiro para pizza". Diz
baixinho, revira os olhos para mim, desfruta o momento.

Cinco horas num aeroporto para ir de carro para um aeroporto,
partilhamos o silêncio entre malas que se chocam.

sacos pesados,
Isto, isto são as férias dela.

Física: Todas as coisas neste mundo

A casa da noite fala em rangidos
Suspiros e pancadas.
Um farfalhar agita a salinha.
Na cama, ponho-me à escuta,
atenta ao familiar tinido da medalha do cão.
Nada de cão, antes um estalido repentino
de uma precisa tábua do soalho de carvalho
um ping vindo da lareira
de argamassa, aço negro e vidro,
achas de nogueira meio queimadas em cinza,
um gorgolejar na casa de banho
algures debaixo dos azulejos sobre as pranchas
de encaixe em diagonal, tubos de cobre
água parada sobre a terra.

Não há fantasmas nesta
casa sóbria, contente,
mas pairando sobre todas as coisas
na escuridão está toda a cor;
a sinfonia de todas as coisas,
todas as possibilidades deste mundo.

Desperto para um dia prenhe
de chuva, cantando uma canção dos Beatles,
A Day in the Life.
Batatas fritas, doces e salgadas.
Todas as coisas deste mundo.

Somos aqueles que vocês não querem
19 de abril, 2013

Com que então, eu quero demais. Dê-me um tiro, Sheriff Al Canon. Dê-me um tiro, Senador Lindsay Graham, dê-me um tiro, Wayne LaPierre. Dêem-me um tiro, vocês do Tea Party, que não sabem o que é a alegria. Peguem no vosso direito de comprar armas PAGO PELOS 1% e dêem-me um tiro, a mim e a todas as crianças cheias de sonhos que me rodeiam, porque vocês não podem cegar-nos para o que está errado com televisão barata, ou saciando-nos de sal ou açúcar na boca, e nunca nos apanharão a todos. Nós somos aqueles que vocês não querem.

Agricultores de NSW numa manifestação contra a extração de gás por fraturamento hidráulico, NSW, Austrália.

A cabeça, o coração, e o corpo
2010

Há um equilíbrio qualquer
entre porosidade e dureza de rocha
uma emulsão das duas
tal que tudo se torna delicado, ainda que suportável.
Mas parece que não há o raio de um dia
que eu não tenha de me encolher contra os golpes,
protegendo a cabeça
para que não me esmaguem os miolos.

Com estúpida esperança, voltarão a ter uso.
Esqueça-se o fino rendilhado da copa das árvores.
Esqueça-se o baloiço, escutando a alegria.
Se bem que não possa esquecer, como um alienado
que dá murros na própria cabeça,
tenho de recordar.

Há um qualquer equilíbrio
entre dar e receber
entre o eu e o outro pelo que
não é difícil estar perfeitamente só.
Se preciso for, e será,
é a essa fronteira que aspiro pertencer,
essa prateleira, pousada perfeitamente contente
na orla dos meus próprios confins.

Marvella de West Baltimore, Diz Ela
23 de Outubro, 2017

O que são poemas?
Poemas são pimenta numa batata sem sabor.
E a maior parte das pessoas pode encontrar pimenta.
É preta e é completamente diferente
do sal, que é branco.

Quando dou um nome a alguma coisa,
é só por amor que o faço
A coisas assustadoras, não lhes dou nome.
Deixo-as morrer sem nome

Sou uma pessoa que prefere objetos de madeira
a pessoas. A madeira de cerejeira seduz-me
com o seu folheado cetinoso, perfumado.
Danço com prazer sobre cernes de pinheiros.

Memórias de machados, chispas
voltejando, o horrendo rugido das serras
Maciços cerrados de rebentos, tudo se foi.
Que as memórias voem como chispas, digo!

Caeiro, o pastor, recebeu papel de presente
de uma papelaria na montanha.
O Argonauta nasceu dentro dele como um gémeo.
As *folhas de erva* sussurravam, um verso
a cada passada, até que ao fim de muitos passos de caminho,
os poemas lhe brotavam da memória.

Se escrevo um poema, não é porque saiba
como se escreve um poema, mas sim porque não
escrever o poema me força a tomar
um caminho que leva à loucura
Quando nada faz sentido,
a poesia faz sentido.

Uma vez, quase me afogava.
Os meus braços finos cortavam o mar como lâminas.
Uma família morreu na tempestade nesse mesmo dia.
A minha barriga rotunda levou-nos vogando de volta à margem
onde, tragando o ar quente do sol na areia,
declarámos o meu bebé um Milagre.

ais tarde, ensaiei todos os nomes que sabia,
os nomes mágicos de criaturas que sabia –
Calvin, Alexander, Heidi,
Dorothy, Theodore, Lila, e *Mignon,*
mulheres de quem sabia os nomes
ou pessoas que pensava conhecer.
Rolando na maca do hospital
Katherine veio-me aos lábios como um beijo
inesperado num rosto que as mãos rodeiam.

Como o céu num sorriso sem fim,
ela ficou algum tempo e desapareceu.
Porque se muda o céu subitamente
em algo irreconhecível?
Porque razão sol e chuva
desaparecem ao mesmo tempo?

Que chova ou não chova, é coisa
que cabe a Deus decidir por si mesmo!
Posso ser malcriada, também.
E deixem que questione Deus quanto ao albinismo!
Cabelo branco-amarelo e pele azul-leite?
As crianças cegas têm de rir dos abusadores
nas piscinas públicas para não terem de chorar!

Aceito o que me dão
e o que não tenho.
Proclamo belas as batatas, e faço paelha com pimenta.
Descubro alecrim que cresce entre
uma cerca e uma folha de jornal desgarrada,
e adiciono isso.

Não ter quintal não é problema para mim.
Ponho a cadeira no quarto que dá para fora
sempre para os ramos de uma árvore viva
e para as nuvens numa dança etérea.

Marvella é um nome dado
por uma mãe tão apaixonada pela filha
que não consegue pensar no futuro dela em termos práticos.
Veludo, pipocas com manteiga, chocolate, raio de sol,
chuvas suaves, tempestades de verão e relâmpagos,
Tudo se combina neste único nome.

Marvella é o meu nome.
Vim a ti como um órfão,
como Tu, talvez,
Vogando ora dentro ora fora de continentes
entre sombras de sol e chuva.

Se nunca chover, não me importa!
Conservo o guarda-chuva que me deste, à cautela
Tateio a sua borda denteada, como uma renda.
Uma vida imaginária é a pior vida para desperdiçar.
O meu conselho é que mais vale desperdiçar a outra vida.

Mulher vistosa numa estação de comboios, NSW, Austrália.

Ainda
2013

Sentada rodeada de folhas verdes
desfalecendo umas contra as outras
sussurrando como tafetá…

Os esquilos agora deixam-me praticamente em paz,
depois de eu sem querer ter esmagado um deles.
A família de peixes-cometa espadana no tanque
e mergulha para o fundo onde
fiz para eles umas grutas com pedras.
Tenho nos joelhos um livro de memórias

Autora com cães, Régua, Portugal.

da biblioteca pública ao fundo da rua,
em frente da mercearia com o
melhor milho doce e alcachofras.
Ainda.
Ando por aqui às voltas nesta casa.
Como um seixo numa lata de café.
Ai, ai, ai, ai, ai.
Tudo o que toco me dói.
Vou contra os limites de um lugar duro
ou grande demais ou demasiado pequeno.
Não sei se uma coisa ou outra.

Nada signifíco aqui.
Sou destilada por capitalistas mafiosos
para uma carteira ambulante, a minha atual vida
reduzida a uma história de consumista que compra.
Quero o direito a tropeçar às cegas,
a fazer erros ferozes, estúpidos.

Algures, a água continua sempre no lago.
Os cometas nadam ainda, pague
eu ou não a conta da luz.

Achar algumas coisas para amar
2019

Cheguei ao comboio a tempo
praguejando, a desapeito da, por despeito pela chuva.
O revisor foi simpático
Com o eu estar sentada no lugar errado, com
passageiros de Pequim e San Francisco.

O mar está mesmo aqui,
perto da fiada de janelas , perto
dos carris onde rolamos para Lisboa.
O mar é cinzento com ofegos brancos de
– tipo, olhos, abertos diante de mentiras.

Um homem a dois lugares do meu olha-me
delicadamente, repousando
o olhar no meu rosto
como se fosse as pétalas suaves de uma flor.
Deixo que o meu rosto seja a sua pétala de flor.

Encontro o carregador do telefone
bem aconchegado na minha carteira.
Sinto o alívio percorrer-me o corpo.
Surpresa!
A chuva parou.

Os camiões na zona industrial
fazem fila para carregar papel
para todas as papelarias das vizinhanças
onde as pessoas vão para fotocópias, papel de desenho,

pilhas, mochilas para a escola, revistas de tricô,
jornais de mexericos, borrachas, pastas de documentos,
argila Fimo, feltros cor de laranja.
Porque não amar camiões hoje?

A minha mãe, Nancy Lee Hermance, n' O Círculo.

Escolhe: ou perfeito, ou feito.

– a Autora

Wendy Lee Hermance estudou jornalismo na Stephens College. Trabalhou na Universidade do Missouri, na Kansas Public Radio e em várias organizações sem fins lucrativos escrevendo propostas para financiamento, concebendo diferentes projetos. Escreveu e produziu artigos como freelance para publicações regionais e para *American Public Media*. Wendy é uma restauradora autodidata de edifícios antigos, reconhecida pelo estado deMaryland e pela cidade de Charleston, na Carolina do Sul. Depois de vinte anos na gestão de propriedades, retomou os seus estudos, entrando para o programa experimental Project Management Leadership na Universidade de Sydney. Escreveu então sobre gestão de catástrofes, "trabalho remoto", comando e controlo, redes informais, teoria da coordenação, resiliência, leis laborais, voluntariado e coesão social. Quase todos estes assuntos fizeram com que a dedicação à exterminação de térmitas ou à escolha de torneiras de cozinha se tornassem uma maçada, pelo que recomeçou a escrever. O seu primeiro livro, *What's that Stuff? A Natural Foods Reference Guide* (atualmente esgotado) será brevemente seguido por *Weird Foods of Portugal*. Wendy é membro da Poetry Society da Carolina do Sul e colaboradora de *The Avocet*. Vive.

Fotografia de vista de Sydney, da autora.

Fotografia da autora pela câmara de uma cabina de fotografia numa estação de comboio.

Design da capa de Oleocalligraphy Collective.

www.ingramcontent.com/pod-product-compliance
Lightning Source LLC
Chambersburg PA
CBHW070954080526
44587CB00015B/2305